플라톤의 인생 수업

IDEA

PLATO

Aretē
Eudaimonia
Epistēmē

플라톤의 인생 수업

장재형 지음

다산
초당

이상 Idea
미덕 Aretē
행복 Eudaimonia
지식 Epistēmē

우리에게는 영혼을 위한
철학이 필요하다

우리는 성공에 대한 집착과 욕망을 지나치게 미화하는 시대에 살고 있다. 부와 사회적 성공만을 최고의 가치인 양 여기며 더 비싼 차, 더 비싼 집, 더 높은 연봉의 직업, 더 날씬한 몸매, 더 많은 SNS 팔로워를 욕망한다. 이 모든 게 너무나 자연스러운 일이 되어버렸다. 이것이 우리가 바라던 삶일까?

지성, 절제, 미덕과 같은 정신적 가치는 흔히 세상모르는 사람의 순진한 소리쯤으로 여겨진다. 그렇게 우리는 점점 더 지성보다는 욕망을, 영혼보다는 육체를 좇으며 달려가고 있다. 겉으로 드러나는 삶, 남에게 보여주는 삶을 사느라 정작 자기 안의 내밀한 목소리는 놓치고 있다.

그런 와중에 세상은 그 어느 때보다 빠르게 변하고 있다. 인공지능이 내 취향과 욕망을 읽고 알아서 삶을 만들어주는 세상에서, 규모조차 가늠할 수 없는 거대한 변화의 물결에 휩쓸려서 떠밀려 가고 있다. 그러나 대부분은 어떤 방향으로 나아가야 하는지 질문을 던지지 않는다. 사실상 나와 타인 그리고 나와 세계의 관계를 생각해 볼 겨를조차 없다. 사람들이 지향하는 곳을 향해, 사람들이 말하는 방향으로 의심 없이 따르며 흘러가곤 한다. 오로지 때때로 밀려드는 허무와 불안만이 이런 삶에 제동을 건다.

'과연 나는 제대로 살고 있는 걸까?'

'나는 지금 무엇을 놓치고 있을까?'

'앞으로도 이렇게 살면 되는 걸까?'

누구도 대신 답해주지 않는 질문들은 어디로도 사라지지 않고 늘 주변을 맴돈다. 대체 어떻게 살아야 하는 걸까.

'철학자들의 철학자' 플라톤에게서 답을 찾다

아리스토텔레스, 니체, 스피노자, 발타자르 그라시안, 칸트, 쇼펜하우어 등 오늘날까지 변함없는 통찰을 주는 철학자들에게는 특별한 공통점이 있다. 모두 플라톤의 철학에서 출발한다는 것이다. '철학자들의 철학자' 플라톤은 2000여 년 전 세상을 현실과 이상(이데아)으로 나누며 그 유명한 이원론을 제시했고, 이후 철학자들은 둘 사이에서 어떻게 균형을 잡아야 할지 질문하고 답하며 철학을 발전시켜 왔다. 플라톤을 비판하거나 추앙하며 그의 영향력 안에서 진리를 추구한 것이다. 영국의 철학자 앨프리드 화이트헤드는 플라톤을 두고 이렇게 말했다.

"서양 철학 2000년은 모두 플라톤의 각주에 불과하다."

철학의 바탕을 만든 플라톤이지만 처음부터 철학자의 길을 걸었던 것은 아니다. 기원전 427년 아테네의 명문 귀족 가문에서 태어난 그는 오랫동안 정치가를 꿈꿨다. 아테네의 막강한 독재 권력을 행사한 30인 참주 가운데 핵심 인물이던 크리티아스는 플라톤의 외당숙이었고, 카르미데스는 플라톤의 외삼촌이었다. 뛰어난 글솜씨로 시와 희곡을 쓰며 한때 시인을 꿈꾸기도 했지만, 기본적으로 강력한 권력의 중심에 있기를 욕망했다.

그러다 플라톤은 커다란 인생의 전환점을 맞이한다. 바로 소크라테스를 만난 것이다. 스무 살이 되던 어느 날, 비극 경연 대회에 참가하기 위해 디오니소스 극장 앞을 지나가던 플라톤은 극장 앞에서 청년들과 토론을 벌이고 있던 소크라테스를 만난다. 그리고 그에게 완전히 매료된다. 조금의 주저함도 없이 삶과 진리에 대해 자기의 생각을 맹렬하게 외치는 소크라테스를 보며 진리를 탐구하는 삶에 강력한 호기심을 느낀 것이다. 그날 이후 플라톤은 그때까지 썼던 희곡들을 모두 불태워 버리고 소크라테스의 제자가 된다.

그는 소크라테스 사후 10여 년간 그리스의 여러 도시는 물론 남부 이탈리아, 이집트, 소아시아 등 지중해 연안을 여행하면서 그곳의 철학적, 종교적 사상들을 접하고 자신의 철학으로 만들었다. 결국 그는 철학자로서 대표적인 저서『국가』를 비롯해 다양한 대화 형식으로 된 훌륭한 작품을 썼다.

플라톤은 평생에 걸쳐 많은 작품을 남겼는데, 그 형식이 논문 형태가 아니라 희곡 대본처럼 등장인물이 서로 대화하는 형태로 구성되어 있다. 그래서 우리는 플라톤의 작품을 '대화편'이라고 부른다. 플라톤의 대화편은 대체로 그 성립 시기에 따라 '전기 대화편', '중기 대화편', 그리고 '후기 대화편'으로 나뉜다. 플라톤이 젊은 시절 남긴『소크라테스의 변론』,『크리톤』,『에우튀프론』등 초기의 대화편은 소크라테스의 사상을 표현한 것으로 본다.

플라톤은 대화편에서 자신의 사상을 스승 소크라테스의 입을 빌려 말하고 있어서, 소크라테스가 한 말들이 소크라테스의 사상인지 플라톤의 사상인지 구분하기가 쉽지 않다. 그래서 일반적으로 플라톤이 바라본 소크라테스의 삶과 철학에서 플라톤의 사상을 유추하고 해석한다.

무엇이 가치 있는 삶인가

서양 고대 그리스 철학은 소크라테스 이전과 이후로 나뉜다. 소크라테스 이전의 철학은 탈레스로부터 시작된 밀레토스학파, 피타고라스학파, 헤라클레이토스, 파르메니데스, 데모크리토스 그리고 프로타고라스와 고르기아스 같은 소피스트까지 포함한다. 소크라테스 이후의 철학은 아테네를 중심으로 한 소크라테스, 플라톤, 아리스토텔레스까지로 본다.

소크라테스 이전의 철학은 자연에 관한 탐구였다. 하지만 플라톤은 탐구 대상을 영원히 변하지 않는 실재, 즉 존재 자체로 전환했다. 기존의 그리스 철학자들처럼 진리를 세계에서 찾지 않고 인간의 내면인 '지성(nous)'에서 찾은 것이다. 플라톤은 『파이돈』에서 지성이야말로 만물에 가장 좋은 방식으로 질서를 부여하기 때문에, 인간은 가장 훌륭한 것과 가장 좋은 것만 탐구하면 된다고 말한다. 그렇게 철학의 관점은 "세계를 이루는 근본 원리는 무엇인가?"에서 "무엇이 가치 있는 삶인가?"로 전환된다. 플라톤이 서양 철학의 최고의 철학자라고 불리는 이유다.

플라톤은 가치 있는 인생을 살기 위해 어떻게 해야 참되고, 행복하고, 아름다운 삶으로 나아갈 수 있는지 탐구한다. 눈에 보이는 것들에 집착하며 세상이 강요하는 욕망에 흔들리지 않고 내면의 목소리에 귀 기울이는 방법을 안내하는 것이다. 남에게 보여주기 위한 삶을 살고 있지는 않은지, 지금의 삶이 내가 바라던 삶이 맞는지 돌아보며 출처 없이 떠오르던 불안과 허무를 잠재운다.

그리스의 전기작가 디오게네스 라에르티오스는 플라톤을 가리켜 '영혼의 의사'라고 말했다. 플라톤의 철학은 다정한 말로 마음을 달래는 치유가 아니다. 세상 사람들이 좇는 돈, 권력, 명예 등 허튼 욕망에 빠져들어 앞만 보고 달리느라 잊어버린 이성의 힘을 회복시키는 치유다. 플라톤 철학으로 우리는 온전히 나의 성장을 위해 살며 고통스러운 현실 속에서 영혼을 치유하고 만족을 얻는 법을 찾을 수 있다.

왜 플라톤 철학인가

독일 철학자 카를 야스퍼스는 대략 기원전 900년부터 200년까지를 '축의 시대(Axial Age)'라고 불렀다. 이 시기에 중국에서는 공자와 노자, 인도에서는 붓다, 그리스에서는 소크라테스와 플라톤 같은 다양한 철학자와 학파가 등장했다.

야스퍼스는 축의 시대를 인류의 정신적 발전에서 중심을 이루는 축으로 보았다. '어떻게 살아야 하는가'에 대한 해답이 이미 이 시기에 나왔기 때문이다. 오늘날 정신적으로 가난한 현대인이 무엇보다도 소크라테스와 플라톤에게 도움을 청해야 할 첫 번째 이유다.

두 번째 이유는 플라톤이 삶 자체를 비관적으로 해석하는 염세주의에 빠지는 데 경종을 울린다는 것이다. 플라톤은 당시 아테네 사람들이 아이스킬로스, 소포클레스, 에우리피데스와 같은 그리스 비극 작가들의 작품에 빠져 있는 현실을 비판했다. 그리스 비극에 깃든 비관주의에 등을 돌린 것이다. 비극은 인간이 얼마나 부질없고 덧없는 존재인지 말하며 그것을 본 사람들을 더 비참하게 만들기도 한다. 플라톤은 우리가 비관주의에 빠지지 않는다면 미덕을 소유한 탁월한 인간이 될 수 있다고 말한다.

플라톤은 인간의 내면에 잠든 잠재력을 긍정적으로 평가했다. 우리는 탁월한 존재가 될 무한한 능력을 이미 소유한 채 태어난다고 본 것이다.

현실과 이상 사이에서 길을 잃지 않으려면

제대로 된 삶으로 이끄는 내면의 목소리를 알아차리려면 무엇을 해야 할까. 플라톤은 우리에게 널리 알려진 소크라테스의 명언 '너 자신을 알라'를 이야기하며, 지혜는 자신이 무엇을 모르는지 아는 것에서 시작한다고 말한다. 스스로 끝없이 질문을 던지며 무지를 깨닫는 사람만이 세상과 자신에 대해 배울 수 있다는 것이다. 스토아 철학의 완성자로 플라톤, 아리스토텔레스와 함께 서양 정신사에 큰 영향을 끼친 에픽테토스는 다음과 같이 말했다.

"이미 안다고 생각하는 것을 배우는 것은 불가능하다."

스스로가 어떤 사람인지 끊임없이 알아가는 현실과 이상 사이에서 중심을 잡는 데도 중요한 덕목이다. 플라톤을 시작으로 2000여 년간 수많은 철학자와 인간 존재가 그래왔듯 현대를 살아가는 우리 역시 현실과 이상 사이에서 수없이 흔들리며 나아가고 있다. 현실과 이상 사이에서 길을 잃고 있다면 잠시 멈추자. 그리고 다시 묻자.

"어떻게 인생을 살아야 하는가."

현실이 너무 가혹해서 지금보다 나은 이상을 꿈꾸는 게 사치처럼 느껴질 때가 많다. 하지만 우리는 이미 알고 있다. 이상 없는 현실이야말로 얼마나 가혹한지를 말이다. 부디 이 책이 더 나은 삶을 향한 당신의 고단한 여정을 돕는 현자의 지팡이가 되기를, 고통 속에서도 행복을 찾는 지혜의 샘이 되기를 간절히 빈다.

삶의 한복판에서

장재형

차례

1장. 어떻게 인생을 살아야 하는가

IDEA

어떻게
인생을 살아야 하는가

캐묻지 않는 삶은
살 가치가 없다

소크라테스의 문답법

PLATO

플라톤은 『테아이테토스』에서 기원전 6세기경 고대 그리스 철학자 탈레스에 관한 재미있는 일화를 소개한다. 탈레스는 어느 날 천체를 관찰하느라 하늘만 쳐다보다가 구덩이에 빠졌다. 이 모습을 본 재치 있는 하녀는 '하늘에 있는 것들을 열심히 보다가 바로 자기 발 앞에 있는 것은 보지 못했다'고 놀렸다. 하지만 플라톤은 탈레스가 하늘을 쳐다보고 길을 걷다가 구덩이에 빠진 일화에 철학의 본질이 담겨 있음을 알았다.

사람들이 철학을 하게 된 계기는 바로 '놀라움' 또는 '경이' 때문이다. 플라톤은 '놀라워하는 것이야말로 철학자가 겪는 상태이며 이것 말고 철학의 다른 시작은 없다'고 말한다. 경이로움이란 무엇인가에 놀라고 이를 신기하게 여기는 마음이다. 놀라워하는 마음은 질문을 낳는다.

구덩이가 눈앞에 있는 줄도 모르고 하늘을 관찰하는 데 여념이 없었던 탈레스는 질문을 던졌다.

"세계는 무엇으로 이루어졌는가?"

그리고 무수히 많은 질문과 고민 끝에 그는 만물의 근원을 '물'이라고 보았다. 모든 사물의 양분 속에는 습기가 있고 열기조차도 물에서부터 생겨나며 모든 생명이 그 속에서 살아가기 때문이다. 탈레스는 더 이상 자연현상이 일어나는 이유를 제우스나 포세이돈과 같은 초자연적인 신에서 찾지 않았다.

탈레스는 이렇게 최초로 세계의 근원 물질인 '아르케(archē)'가 무엇인지에 대한 답을 제시했다. 이후 자연철학자들은 기존의 전통적인 그리스 신화의 세계관에서 벗어나 자연 그 자체에서 사물의 본질에 대한 합리적인 대답을 구하려 했다. 누구도 상상한 적 없었던 사고의 대전환이 이뤄진 것이다. 아리스토텔레스는 탈레스를 서양 철학의 창시자라고 불렀다.

질문하지 않는 삶은 무의미하다

플라톤은 『소크라테스의 변론』에서 '미덕에 관해 날마다 대화하는 것이야말로 인간에게 최상의 좋음'이라고 말하며 '캐묻지 않는 삶은 살 가치가 없다'고 말한다.

제가 날마다 미덕과 그 밖의 것들에 관해, 저 자신은 물론 다른 사람들에게 캐묻던 그런 주제들에 관해 이야기하는 것이야말로 인간이 누릴 수 있는 최고선이며, 캐묻지 않는 삶은 인간에게 살 가치가 없다고 말하면, 여러분은 이런 말을 하는 제가 못 미더울 것입니다.

『소크라테스의 변론』 38a

우리는 어렸을 적 경이로움에 가득 찬 눈동자로 세상을 바라봤다. 그런데 자라면서 세상을 향한 호기심은 물론 자기 자신에 대한 궁금증을 서서히 잃는다. 이미 다 안다고 착각하기 때문이다. 이 세상은 무엇으로 이루어져 있는지, 왜 그런 일이 일어나는지, 나는 어떻게 해야 하는지 집요하게 캐묻지 않는다. 그렇게 서서히 고정관념에 갇힌다.

세상일에 대해 그리고 더 나은 삶에 대해 캐묻지 않고 검토하지 않고 음미하지 않는 삶은 무미건조하고 무기력하다. 더 좋은 삶을 상상하지 않으니 변화 역시 생기지 않는다. 뭘 해도 시큰둥하고 재미없는 일상에서 삶의 의욕을 얻기란 불가능할 것이다. 그렇다면 어떻게 해야 할까.

지혜는 저절로 생기지 않는다

플라톤의 스승 소크라테스의 문답법에서 우리는 그 힌트를 얻을 수 있다. 소크라테스는 아고라에서 청년들과 토론하면서 그들이 진리와 지혜에 대해 많은 생각을 하도록 도왔다. 자기가 아는 것을 가르치기보다 그들 스스로 진리를 깨닫게 한 것이다. 당시는 철학자들이 지혜로운 자를 자처하면서 돈을 받고 자신의 지식을 팔던 시대였지만, 소크라테스는 아무런 대가를 받지 않았다. 그저 "정의란 무엇인가?", "덕이란 무엇인가?", "경건이란 무엇인가?"와 같은 질문을 던지고 대화를 나누며 진리를 탐구했다. 그 유명한 '소크라테스의 문답법'이다.

소크라테스의 문답법은 '반어법'과 '산파술'로 이루어져 있다. 우선 반어법은 어떤 문제에 대한 답을 알면서도 무지를 가장한 채 질문을 던지며 상대방과 함께 해답을 찾아가는 과정이다. 상대방이 정확한 정의를 내리지 못하는 '난문' 상태에 빠질 때까지 집요하게 논박한 것이다. 이를 통해 상대방은 결국 자신이 아무것도 알지 못한다는 사실, 즉 '무지의 지'를 깨달았다.

그러고는 산파술로 산파가 아기 낳는 것을 도와주듯이 상대방 스스로 진리나 지혜를 깨달을 때까지 질문을 던졌다. 플라톤의 『테아이테토스』에는 소크라테스가 테아이테토스에게 자신의 '산파술'을 소개하는 장면이 나온다. 그는 자신의 산파술은 아기 낳는 것을 돕는 일과 다르지 않다고 말하며, 유일한 차이점은 자신이 돌보는 사람이 여자들이 아니라 남자들이고 자신의 관심사는 그들의 몸이 아니라 혼이라고 말한다.

소크라테스는 자신과 대화한 사람들이 큰 깨달음을 얻은 것은 자신에게 뭔가를 배웠기 때문이 아니라 훌륭한 진리를 자기 안에서 '발견'했기 때문이라고 말한다. 질문을 통해 지혜를 스스로 깨우친 것이다. 누구도 대신 답할 수 없는 질문에 질문을 던지고 자기만의 답을 찾아가는 것이야말로 세상에 대한 경이로움을 회복하는 방법이자 지혜를 얻는 태도다.

인간만이 본 것을 자세히 관찰한다

플라톤은 『크라튈로스』에서 '인간(anthrōpos)'이라는 말의 어원을 '인간은 자기가 본 것을 자세히 관찰한다'라는 말에서 찾는다. 즉 인간은 다른 동물과 다르게 보자마자 자기가 본 것을 관찰하고 헤아린다는 것이다.

> 인간이라는 이 이름은, 다른 동물들은 자신이 본 것에 대해 살펴보거나 헤아리거나 관찰하지 않지만 인간은 보는 것과 동시에 그것을 자세히 관찰하고 헤아린다는 뜻을 가지네. 그러므로 동물들 중에서 인간만이 '인간'이라고 불리는 건 옳은 일이네. 인간만이 본 것을 자세히 관찰하니까.
>
> 『크라튈로스』399c

풀리지 않는 문제들에 대해 질문하고 그 해답을 찾고자 고뇌할 때, 우리가 할 수 있는 가장 쉬운 시작은 관찰하는 것이다. 어떤 일이 벌어지고 있는지 성급하게 결론을 내리기 전에 현상을 있는 그대로 바라보는 것이다.

지금까지 우리의 공부는 대부분 지식과 정보를 습득하는 방식으로 이뤄져 왔다. 덕분에 시험을 준비하며 짧은 기간에 수많은 정보를 암기하는 데는 익숙해졌지만 도저히 답을 알수 없는, 답이 있는지조차 알 수 없는 문제를 돌파해 나갈 방법은 잘 알지 못해 자주 당황한다.

삶의 문제를 스스로 해결할 능력을 갖추려면 어떻게 해야 할까. 단편적인 지식과 정보를 주입하는 게 전부가 아님을 기억하자. 내가 아는 것만 가지고 섣불리 세상을 재단하는 편견과 고정관념으로부터 벗어나자. 지혜는 단편적인 지식으로 만들어지지 않는다.

그리스 신화에는 아테네 최고의 영웅 테세우스가 등장한다. 당시 아테네는 9년마다 크레타섬의 미궁에 갇혀 있는 황소 머리의 괴물 미노타우로스에게 처녀와 총각을 공물로 바쳐야 했는데, 테세우스는 자신이 미노타우로스를 죽이고 나라를 구하겠다고 자원한다. 그렇게 죽음을 무릅쓰고 미궁 라비린토스에 들어가 미노타우로스를 죽인다.

테세우스는 한번 들어가면 빠져나올 방법이 없는 미궁에서 어떻게 탈출할 수 있었을까? 그에게는 아리아드네가 건네준 실타래가 있었다. 그는 실타래를 풀면서 미궁 안으로 들어가 미노타우로스를 물리친 뒤 실을 따라 미궁을 빠져나왔다.

인생은 미로와 같다. 테세우스가 아리아드네의 실타래를 풀며 미로를 빠져나온 것처럼 인생에서 출구를 찾으려면 어떻게 해야 할까. 끝없이 세상을 관찰하고 질문을 던지며 인생의 실타래를 풀어야 한다. 그러다 보면 영웅 테세우스처럼 위기를 극복하고 해결책을 발견하게 될 것이다.

질문이 바뀌지 않으면 답도 바뀌지 않는다. 또한 다른 사람이 말하는 질문을 따라 하는 데 그친다면 고작 그 사람이 얻은 답밖에 얻지 못할 것이다. 풀리지 않는 문제들에 대해 질문을 하고 그 해답을 찾고자 고뇌할 때, 나만의 철학을 시작할 수 있다. 관찰하라. 그리고 계속 질문하라. 결국 모든 변화는 하나의 질문에서 시작된다.

풀리지 않는 문제의 해답을 찾는 가장 쉬운 시작은

가만히 관찰하는 것이다.

성급하게 결론을 내리기 전에

현상을 있는 그대로 바라보는 것이다.

무지를 깨닫는 자만이
스스로를 돌본다

무지의
지

PLATO

플라톤의 『소크라테스 변론』에는 아테네에서 열린 재판에서 유죄 판결을 받고 사형을 당한 소크라테스의 연설이 담겨 있다. 소크라테스는 많은 사람에게 감당하기 어려울 정도의 미움을 받았는데, 첫 번째 연설에서 그 이유가 델포이의 신 아폴론이 자신에게 부여한 신탁 예언 때문이라고 말한다.

소크라테스의 오랜 동료였던 카이레폰은 델포이 신전의 여사제에게 소크라테스보다 지혜로운 사람이 있는지 묻는다. 여사제는 답한다.

"소크라테스보다 더 지혜로운 사람은 아무도 없다."

소크라테스는 이러한 신탁이 무엇을 의미하는지 몰라 곤

혹스러웠기에 지혜로운 사람을 찾아 나선다. 만약 자신보다 지혜로운 사람을 찾는다면 그러한 신탁을 반박할 수 있으리라 믿었다. 그래서 스스로 지혜롭다고 생각하는 정치가들, 시인들, 장인들을 찾아가 대화를 나누었다.

하지만 소크라테스는 그들 중 어느 한 사람도 참다운 지혜를 가지고 있지 못하다는 사실을 깨달았다. 그들은 세상의 진리를 다 안다고 착각하고 있었기 때문이다. 소크라테스가 볼 때 모든 진리를 아는 건 신의 영역이었기에 그들이 다 안다고 주장하는 것은 진짜가 아니었다. 아테네에서 열린 재판에서 그는 이런 식으로 많은 사람을 찾아다니며 질문을 던지고 캐물어 그들의 무지를 폭로한 탓에 미움을 받게 되었다고 말한다.

적어도 나는 내가 모르는 것은 모른다고 생각하니까, 사소한 이 한 가지로 인해 저 사람보다는 내가 더 지혜로운 것 같다.

『소크라테스의 변론』21d

그는 당시 가장 명망 높은 사람들과 젊은이들에게 자기가 알지 못하는 것을 안다고 생각하는 '무지'야말로 비난받아 마땅하다고 목소리를 높였다. 결국 소크라테스는 자신은 모르는 것을 모른다고 생각하기 때문에 그들보다 더 지혜롭다는 사실을 깨달았다. 자기 자신이 아무것도 모른다는 사실을 아는 것, 바로 '무지의 지(知)'이다.

아무것도 모르는 무지한 사람이 되어라

소크라테스는 왜 우리에게 무지를 자각하는 것이 중요하다고 말한 것일까? 플라톤은 왜 소크라테스가 무지의 지를 깨닫는 과정을 이처럼 상세하게 기록으로 남긴 것일까?

소크라테스가 타락시킨 젊은이로 지목된 사람 중 대표적인 청년이 알키비아데스다. 귀족 출신의 알키비아데스는 잘생긴 외모와 훌륭한 재능을 겸비한 인물로 정치적 야망과 포부가 지나치게 컸는데, 플라톤의 『알키비아데스』 1권에서 소크라테스는 이제 막 정치에 입문하려는 알키비아데스에게 '너 자신을 알라'고 말한다. 소크라테스 철학의 가장 핵심적인 명제로 알려져 있는 이 문장은 사실 델포이 신전에 새겨진 글귀였는데, 소크라테스가 델포이 신전을 방문했을 때 보고 감명받아 사람들에게 자주 말하면서 유명해졌다고 한다.

나 자신을 안다는 건 내가 나를 잘 알지 못한다는 사실을 전제로 한다. 그래서 플라톤의 『필레보스』에서 소크라테스는 '너 자신을 알라'는 '우리는 자신을 전혀 알지 못한다'라는 취지로 해석해야 한다고 설명한다. 결국 나 자신을 알아야 한다는 것은 자신의 무지를 스스로 깨달아 가는 과정인 것이다.

내가 모른다는 사실을 알 때 진정으로 알고자 하는 마음이 생긴다. 이미 잘 안다고 믿으면 새로운 것을 알려는 호기심이 생기지 않는다. 깊은 통찰을 얻을 기회를 날리는 셈이다. 더구나 자기가 알지 못한다는 사실 그 자체를 인식하지 못한 사람들도 많다. 이들은 '무지의 무지'의 상태에 빠져 있다. 무지의 무지 상태가 오랫동안 지속되면 고정관념이나 편견으로 발전한다. 그래서 앞에서 살펴본 것처럼 소크라테스는 수많은 질문을 해서 상대방이 스스로 무지의 지를 깨달아 참된 진리에 도달하기를 바랐다. 내가 모른다는 사실을 안다는 건 알지 못하는 것을 적극적으로 배우려는 자세다.

우리 안에 혼보다 더 강력한 것은 없다

플라톤은 소크라테스가 자신을 아는 것에 그쳐서는 안 되고 자신을 제대로 돌볼 기술을 배우라고 강조했음을 보여준다. 나 자신을 아는 '자기 인식'이 '자기 돌봄'으로 이어지는 것이다. 자신을 돌본다는 것은 무엇을 의미할까? 우리는 어떤 기술로 자신을 돌볼 수 있을까?

첫째, 자기 돌봄이란 자신의 '영혼'을 돌보는 것이다. 플라톤은 인간을 영혼과 육체로 나누고 영혼을 육체보다 우위에 둔 이원론을 주장했다. 『알키비아데스』 1권에서 그는 소크라테스의 입을 빌려 몸과 재물을 돌보기보다 혼을 돌보고 그쪽으로 시선을 향하라고 조언한다. 소크라테스는 청년들을 타락시키고 국가의 신을 섬기지 않았다는 죄목으로 고소당했을 때 재판장에서 아테네인들에게 이렇게 말한다.

> 이보시오! 당신은 가장 위대하고 이름난 나라인 아테네의 시민이면서, 재물은 최대한 많아지도록 마음 쓰고 명성과 명예에도 그러면서 현명함과 진리에 대해서는, 그리고 자신의 영혼을 훌륭해지게 만드는 것에 대해서는 마음 쓰지도 않고 생각지도 않는다는 게 수치스럽지 않소?
>
> 『소크라테스의 변론』 29d~e

소크라테스에게 '무엇이 가치 있는 삶인가'라고 묻는다면 그는 영혼을 돌보는 삶, 영혼이 가장 훌륭한 상태에 있도록 돌보는 삶이라고 답변할 것이다.

둘째, 자기 돌봄은 자기를 배려하는 행위다. 프랑스 현대 철학자 미셸 푸코는 『주체의 해석학』에서 소크라테스가 말한 자기 돌봄은 '자기 배려'라고 말하며 자기 배려를 세 가지로 정의했다. 첫째, 자기 자신에 대한 배려, 둘째, 자기 자신을 돌보는 행위, 셋째, 자기 자신에 몰두하는 행위다.

그리고 푸코는 고대 그리스 로마 철학에서 자기 자신을 배려하는 여러 가지 방법을 찾아냈다. 자기 자신 속으로 은거하기, 자신으로 되돌아가기, 자신에게서 즐거움을 발견하기, 오직 자신 안에서만 쾌락을 추구하기, 자기 자신과 더불어 지내기, 자신과 친구 되기, 자신을 치유하기, 자신을 존중하기 등이다. 이 모든 자기 배려는 반드시 자기 인식이 뒷받침되어야 한다.

삶이 괴로울 때 가장 깊은 곳으로 내려가라

세상은 두렵고 괴로운 일로 가득 차 있다. 잔잔한 마음의 호수에 끊임없이 돌을 던지며 평정을 깬다. 세상의 파도에 휩쓸릴 때 자기 자신에게 질문을 던지자.

"어떻게 험난한 삶을 살아갈 것인가?"

"해결될 기미가 보이지 않는 이 일을 어떻게 처리할 것인가?"

"예측하지 못한 이 일에 어떻게 처신할 것인가?"

"어떻게 슬픔에서 벗어날 것인가?"

"지나치게 화를 내지 않기 위해 어떻게 할 것인가?"

"갑작스러운 위기 상황을 어떻게 대비할 것인가?"

나와 타인의 관계, 나와 세상의 관계는 모두 나와 나 자신의 관계가 어떤가에 달려 있다. 누구도 나를 대신해서 위로해 줄 수 없다. 타인에게 위로받으려 하지 말자. 누군가가 나를 돌봐줄 거라고 기대하지 말자.

삶이 괴로울 때 가장 좋은 방법은 자신의 깊은 곳으로 내려가는 것이다. 자기 자신 안으로 은둔할 때 어떤 동요에도 흔들리지 않는 부동심을 유지할 수 있다. 소크라테스가 명상에 잠겨 움직이지 않고 자신에게 발생한 일들에 초연할 수 있었던 이유다.

후기 스토아 철학자이자 로마 제국의 황제였던 마르쿠스 아우렐리우스는 명언을 남겼다.

"인간에게 자신의 혼보다 더 조용하고 한적한 은신처는 없다."

그는 시골이나 바닷가 또는 산속에서 자신을 위한 은신처를 찾는 것은 어리석기 짝이 없는 짓이라고 말한다. 왜냐하면 우리는 원하기만 하면 언제든 자기 자신 속으로 은둔할 수 있기 때문이다.

인생의 답을 바깥세상에서 찾지 말자. 정신적으로 힘들고 허기가 질 때마다 자기 자신을 친구 삼아 질문을 던지자.

"내가 너를 어떻게 돌봐줄까?"

"네가 진정으로 원하는 것이 무엇이니?"

"너는 요즘 왜 그렇게 힘들어하니?"

스스로 어떤 사람인지 알지 못하는 삶에 균형은 없다. 작은 일에도 쉽게 휘청거리고 하루하루 쌓이는 불안감, 긴장감, 피로감에 기진맥진해질 뿐이다. 무엇보다 자기 자신을 망각하지 말고 돌보고 배려하고 집중하는 행위가 필요하다. 자기 돌봄이란 자기와의 관계를 주체적으로 구축하는 행위다. 진짜 내 모습을 알아가는 것이야말로 지친 삶을 치유하는 경이로운 자기 돌봄의 시작이다.

이미 잘 안다고 믿으면 호기심이 생기지 않는다.

깊은 통찰을 얻을 기회를 날리는 셈이다.

내가 모른다는 사실을 안다는 건

알지 못하는 것을 적극적으로 배우려는 자세다.

영원히 변하지 않는
절대 가치는 있다

진리

PLATO

기원전 5세기 아테네에서는 철학 사상가인 소피스트들
이 왕성하게 활동했다. 이 시기는 아테네가 페르시아와의 전
쟁에서 두 번이나 승리한 페리클레스의 시대로, 민주주의의
절정기였다. 소피스트들은 진리와 정의는 언제나 상대적이라
고 주장했고, 설득을 목적으로 논쟁하고 웅변하는 데 매우 능
했다.

소피스트 철학은 귀족 문화 중심의 그리스 정신에 근본
적인 변혁을 일으켰다. 소피스트들은 당시 아테네의 민주정
치 활동에 참여하고 싶은 젊은이들에게 대가를 받고 논쟁술,
수사학 등의 지식을 가르쳤다. 설득을 목적으로 하는 그들의

웅변술은 정치적 지도자가 되려는 젊은이들에게 열광적인 인기를 끌었다.

오늘날 소피스트는 궤변론자라는 부정적인 의미로 전락했다. 하지만 본래 지혜로운 자 또는 현명한 자를 뜻한다. 대표적인 인물은 '최초의 소피스트'라 불리는 프로타고라스로, 전통적인 종교적 진리나 절대적인 윤리적 가치를 인정하지 않고 다양한 관점에서 바라보며 상대주의를 주장했다.

당시 소피스트들이 절대적인 규율을 주장하지 않고 열린 사고방식을 가지게 된 이유는 온 세상을 돌아다녔기 때문이었다. 그들은 지역마다 관습과 법이 서로 달라 영원히 변치 않고 보편타당한 규약이란 있을 수 없다는 사실을 깨달았다. 소크라테스-플라톤의 절대주의와는 완전히 상반된 입장이었다.

절대적인 진리는 없는가

프로타고라스는 기원전 481년경 그리스 북부의 압데라라는 도시에서 태어났다. 현재 남아 있지 않지만 프로타고라스의 『진리』에는 "인간은 만물의 척도다"라는 유명한 명제가 실려 있었다. 인간이 진리라고 여겨지는 모든 것의 척도가 된다는 뜻이다. 이때 척도라는 것은 판단 기준으로, 결국 인간이 모든 것을 판단하는 기준이라는 말이 된다. 여기서 말하는 인간이란 보편적인 인간이 아니라 '개별적 주체로서의 인간'이다.

인간은 똑같은 사물도 각자 자신이 처한 상황에 따라 이렇게도 보고 저렇게도 본다. 다시 말해 사물을 바라보는 관점은 절대적일 수 없고, 당시의 지식에 따라 다양할 수밖에 없다. 플라톤은 『테아이테토스』에서 프로타고라스의 인간 척도설을 다음과 같이 설명한다.

> 그분은 어디에선가 "인간은 만물의 척도다. 존재하는 것들에 있어서는 존재한다는 척도이고, 존재하지 않는 것들에 있어서는 존재하지 않는다는 척도다"라고 말씀하셨네. 분명 자네도 읽어 보았겠지?
>
> 『테아이테토스』 152a

프로타고라스에 따르면 '진리란 각자에게 각자가 지각하는 대로 나타나는 것'에 불과하다. 예를 들어 갑에게 참인 것은 갑에게만 참이며, 을에게 참인 것은 을에게만 참인 것이다. 절대적인 진리, 보편타당한 객관적인 진리는 없다. 그런데 플라톤은 『테아이테토스』에서 프로타고라스의 철학에 의문을 제기한다.

"프로타고라스는 어째서 돼지나 개코원숭이 또는 지각을 가진 또 다른 낯선 괴물을 만물의 척도라고 말하지 않았던 걸까?"

그러면서 각자 자신이 판단한 것이 모두 옳다면 어째서 프로타고라스는 고액의 보수를 받고 남을 가르치냐고 묻는다. 인간 척도설이 맞다면 각자가 자기 지혜의 척도가 되므로 그에게 가서 배울 필요가 없다는 말이다.

미덕을 모르고 미덕을 실천할 수 있는가

플라톤이 인간 척도설을 비판한 근거는 아리스토텔레스가 대표작 『형이상학』에서 소크라테스의 공적으로 인정한 '보편적 정의'에서 찾을 수 있다. 보편적 정의란 개별적 특성들에서 뽑아낸 공통점으로, 쉽게 말해 사전적 정의라 할 수 있다.

소크라테스는 미덕을 연구하면서 최초로 보편적 정의를

찾았다. 플라톤의 '소크라테스적 대화편'에서 소크라테스는 사람들에게 용기, 절제, 경건함, 우정 등과 같은 미덕들이 실제로 무엇인지 보편적인 정의를 내려보라고 집요하게 요구한다.

"용기는 대체 무엇인가?"

"그러면 그대가 용기라고 부르는 것은 그런 것들과 관련된 지식인가?"

"자네는 절제가 무엇이라고 주장하는지 말해주게."

"자네는 지금 신들에게 사랑받는 것이 경건한 것이라고 말하고 있음을 깨닫지 못하겠는가?"

"아니, 그럼 한 사람이 다른 한 사람을 사랑하기만 하면 두 사람 모두 서로의 친구가 되는가?"

사람들은 하나하나 덕에 관련된 사례만을 말할 뿐, 미덕 그 자체에 관해 정의를 내리지 못했다. 소크라테스는 사람들이 개별적 사례의 밑바탕에 있는 참다운 보편적 진리를 깨닫기를 바랐다. 미덕이 도대체 무엇인지 모른다면 미덕을 획득하는 최선의 방법도 알 수 없기 때문이다.

소크라테스는 보편적 정의를 통해서만 확실한 지식 또는 앎을 갖게 된다고 믿었다. 인간은 이런 지식을 통해 그러한 미덕을 실천할 수 있고 결국 행복에 도달한다는 것이다. 예

를 들어 용기의 보편적 정의가 '씩씩하고 굳센 기운. 또는 사
물을 겁내지 아니하는 기개'라면, 그 정의를 알아야 씩씩하고
굳센 기운을 내며 용기를 가질 수 있다. 객관적이고 보편타당
한 진리와 가치에 도달할 수 있다는 절대주의다. 이러한 소크
라테스의 절대주의는 다음 글에서 살펴볼 플라톤의 이데아
론으로 이어졌다.

상대주의의 위험한 함정

서양 철학에서 소크라테스와 플라톤 철학이 주류가 되면
서 상대주의는 오랫동안 비판받았다. 하지만 소피스트들이
옳고 그름, 선과 악 등에서 취한 개인주의와 상대주의는 동시
대 그리스의 예술과 민주적 사상에 공헌했다. 철학적 탐구의
대상을 자연과 우주에서 인간의 실제 삶으로 옮겨 놓았기 때
문이다.

프리드리히 니체를 비롯해 실존주의 철학의 경향은 프로
타고라스의 상대주의와 궤를 같이한다. 특히 차이와 다양성
을 인정하는 현대 포스트모던 철학은 절대적인 진리보다는
다원주의적 가치를 추구한다.

사람들의 생김새가 각자 다르듯이 선호하는 취향과 생활 방식 모두 각자 다르다. 모든 사람을 하나의 틀에 맞추려고 강요한다면 독단의 위험에 빠질 우려가 있다. 타인의 생각이 어떠한지 상관없이 나만의 절대적인 기준을 요구하는 태도는 경계해야 할 것이다.

하지만 이러한 가치 상대주의를 따르면 옳고 그름에 대한 가치 판단마저도 개개인에 따라 달라진다. 결국 도덕적 영역에서도 보편적 윤리가 사라지는 것이다. 어떤 가치 체계가 도덕적 측면에서 참된 것인지 거짓된 것인지 구별할 객관적 판단 기준이 없어진다.

극단적 가치 상대주의로 흘러 저마다 자신들의 가치가 옳다고 호소할 경우 어느 것도 옳다고 말할 수 없게 된다. 이것이 바로 상대주의의 함정이다. 오히려 자기가 세운 일방적 기준과 틀에 타인을 강제로 꿰맞추려는 잘못을 저지르기도 한다. 도덕의 영역에서 상대주의를 무기 삼아 휘두르면 '내가 하면 로맨스, 남이 하면 불륜'이 된다. 힘이 곧 정의가 되어 나와 뜻이 다른 사람을 존중하기보다 제압하는 일도 빈번하게 일어난다.

자신의 분야에서 전문성을 인정받아 승승장구하다가 윤리적 문제로 갑자기 무너져 나락으로 떨어지는 사례는 수없이 많다. 보편적 윤리에 상대주의는 없다. 자신과 타인의 차이를 인정하되 옳고 그름에 대한 도덕적 기준은 절대적으로 지켜야 할 것이다.

타인의 생각은 어떠한지 상관하지 않고

나의 절대적인 기준을 내세우는 태도는 경계해야 한다.

그러나 도덕의 영역에서 옳고 그름에 대한 기준은

절대적으로 지켜야 할 것이다.

이상주의자가 될 것인가, 현실주의자가 될 것인가

이데아

PLATO

바티칸 궁전의 시스티나 성당에는 르네상스 미술품 가운데 가장 주목받는 프레스코 벽화 「아테네 학당」이 있다. 미켈란젤로, 레오나르도 다빈치와 함께 르네상스 예술을 꽃피운 이탈리아의 화가이자 건축가인 라파엘로 산치오의 작품이다.

「아테네 학당」의 배경 벽기둥 양쪽에는 각각 이성과 지혜를 상징하는 신 아폴론과 아테나의 대리석 조각상이 있다. 그리고 고대 그리스를 대표하는 54명의 학자가 등장한다. 특히 중앙에 선 두 철학자가 돋보이는데, 왼쪽에 있는 철학자는 플라톤이고, 오른쪽에 있는 철학자는 그의 제자 아리스토텔레스다.

라파엘로 산치오 「아테네 학당」

그런데 이 두 철학자의 손을 자세히 보면, 플라톤은 손
가락으로 하늘을 가리키고 있고 아리스토텔레스는 손바닥을
땅 쪽으로 향하고 있다. 플라톤과 아리스토텔레스는 각각 무
엇을 가리키고 있는 걸까.

서양 철학을 지배한 대논쟁의 시작

아리스토텔레스는 기원전 384년경 그리스 북부의 스타

게이로스에서 태어났다. 소크라테스, 플라톤과 달리 아테네 출신이 아니었다. 그의 아버지는 마케도니아 왕의 친구이자 주치의로, 아리스토텔레스가 열일곱 살이 되자 플라톤이 세운 아카데미아 학당에 보낸다. 아리스토텔레스는 플라톤이 죽을 때까지 20년 동안 아카데미아에 머무르며 토론과 강의에 몰두했다.

아리스토텔레스는 플라톤이 아끼는 최고의 제자였다. 아리스토텔레스도 그의 스승 플라톤을 존경했다. 하지만 아리스토텔레스는 플라톤 철학을 최초로 비판한 철학자이기도 하다. 그는 자신의 저서 『니코마코스 윤리학』에서 '진리와 플라톤 둘 다 나의 소중한 친구이지만, 진리를 지키기 위해서는 친구보다 진리를 더 존중하는 것이 옳다'고 말한다.

플라톤과 아리스토텔레스의 견해 차이는 어디서 시작된 걸까. 바로 플라톤 철학을 이야기할 때 가장 먼저 언급되는 이원론이다. 플라톤은 이 세상을 '보이는 세계'와 '보이지 않는 세계'로 나누었다. 그리고 눈에 보이지 않는 세계, 즉 이상(이데아)만이 참된 세계라는 이데아론을 주장했다. 반면에 플라톤의 제자 아리스토텔레스는 정반대의 입장을 취했다. 보이는 세계인 현실에 삶의 가치가 있다고 말한 것이다.

플라톤의 이데아론은 오늘날까지 2400여 년간 서양 철학을 지배하며 대논쟁의 장을 열었다. 인간은 살아가는 동안 어떤 세계에 주목해야 하는가에 관한 질문이었다.

이데아론에 영향을 준 두 철학자

플라톤은 왜 이데아론을 주장했을까. 아리스토텔레스는 『형이상학』 1권 6장에서 이데아론의 발생 배경에 대해서 말한다. 플라톤은 두 명의 철학자에게 큰 영향을 받았는데, 바로 헤라클레이토스와 파르메니데스였다. 놀랍게도 이 두 철학자는 서로 상반된 주장을 펼쳤다.

헤라클레이토스 "만물은 유전한다"

고대 그리스 에페소스 출신의 철학자 헤라클레이토스는 다음과 같은 말을 남겼다.

"만물은 유전한다."

그는 이 세상의 모든 것은 끊임없이 변하며 한결같이 머물러 있는 것은 아무것도 없다고 생각했다. 만약 변하지 않는 것이 있다면 그것은 변화한다는 사실뿐이다. 그래서 그는

"우리는 같은 강물에 두 번 발을 담글 수 없다"라는 말로 끊임없이 변화하는 세계를 흐르는 강물에 비유했다. 발을 담근 사람에게 또 다른 강물이 계속해서 흘러오고, 강물에 들어간 우리 자신도 이미 변했기 때문이다.

헤라클레이토스는 만물은 단순히 흐르기만 하는 것이 아니라 서로 대립하면서 생성, 발전한다고 주장했다. 모든 사물은 서로 대립하는 긴장 관계 속에서 투쟁하고 있다는 것이다.

"모든 것은 투쟁에 의해 생겨난다."

그에게 투쟁은 바로 이 세계를 끊임없이 살아 움직이게 하는 근본 원리다. 그는 활과 활시위가 서로 반대로 당기는 긴장 관계를 예로 든다. 이처럼 모순으로 가득 찬 현실 세계 속에는 보이지 않는 가장 아름다운 조화가 있다.

그러나 아무리 모든 만물이 끝없이 변화할지라도 우주에는 불변의 법칙, 즉 로고스(logos)가 있다. 헤라클레이토스는 삶과 죽음, 낮과 밤, 겨울과 여름, 전쟁과 평화, 풍요와 빈곤처럼 서로 대립하는 것들은 로고스에 지배받는다고 주장했다.

파르메니데스 "있는 것은 있고, 없는 것은 없다"

헤라클레이토스와 정반대의 견해를 품은 남부 이탈리아

엘레아학파의 철학자가 있으니, 바로 파르메니데스다. 그는 '있는 것은 있고, 없는 것은 없다'며 '말해지고 사유되려면 그 대상이 있어야만 한다'고 주장했다.

파르메니데스는 말로 표현되고 사유의 대상이 될 경우에만 존재하고 존재하지 않는 것, 즉 무(無)에 관해서는 아무것도 생각할 수 없기에 존재할 수조차 없다고 말했다. 있는 것이 없어지거나 없는 것에서 무엇이 생길 수 없다는 것이다.

그는 헤라클레이토스가 말한 생성, 변화와 운동하는 세계를 부인한다. 우리의 감각이 불완전하기에 모든 사물이 생성, 변화하는 것처럼 보이는 것은 단순한 환영이고 가상이라는 것이다. 파르메니데스에게는 오로지 이성적 사유에 의해서 존재하는 것만이 가능하다. 그래서 그는 '존재하는 것은 생성되지 않고 소멸되지 않는다'고 말한다. 그 자체로 '온전하며 흔들림 없고 완결되었다'는 것이다.

존재하는 모든 개체의 본성으로서 이데아

플라톤은 헤라클레이토스와 파르메니데스의 사상, 그리고 소크라테스의 보편적 정의를 받아들여 이데아론을 만들어냈다. 존재하는 것들의 세계를 보이는 세계와 보이지 않는 세계로 나누고, 보이지 않는 세계인 이상에는 보편적 진리가 담겨 있다고 주장한 것이다.

눈으로 볼 수 있는 현실 세계는 헤라클레이토스가 말한 것처럼 생성, 소멸하므로 참다운 실재의 세계가 아니다. 반면 눈에 보이지 않는 세계는 파르메니데스가 말한 영원불변하는 실재의 세계다. 플라톤은 이러한 보이지 않는 참된 세계를 '이데아의 세계'라고 불렀다. 그는 영원불변하는 실재의 세계 이데아가 현실 세계의 우위에 있다고 믿었다.

또한 플라톤은 보편타당하고 영원불변한 진리와 가치를 추구했다. 감각적 대상들은 항상 변화하기 때문에 공통적 정의가 있을 수 없다고 믿었다. 그래서 플라톤은 감각의 대상이 아닌 '그 이상의 것'에 이데아라는 이름을 붙였고, 감각의 대상은 이데아의 이름을 따라 지어졌다고 주장했다.

우리는 같은 무언가가 있다고 보겠지? 나무토막은 나무토막과 같고 돌은 돌과 같은 그런 것들을 말하는 게 아니라, 이 모든 것을 뛰어넘는 다른 어떤 것, 즉 같다는 것 자체가 있다는 말일세.

『파이돈』 74a

그리스어 '이데아(idea)'는 원래 '본다'라는 의미의 '이데인(idein)'에서 유래했다. 따라서 이데아는 모양, 모습을 뜻하며 '형상'이라고 말한다.

예를 들어 종이에 원을 그려본다고 생각하자. 우리는 종이에 원을 절대로 동그랗게 그릴 수 없다. 아무리 정교하게 그린다 해도 기하학적으로 완벽한 원을 그릴 수 없기 때문이다. '평면 위의 한 점에 이르는 거리가 일정한 점들의 집합'이라는 원의 개념은 관념 속에서만 인식할 수 있을 뿐이다.

이데아는 생성, 소멸하는 이 모든 것을 넘어서는 다른 어떤 것이다. 다시 말해 모든 사물은 각각 자신의 이데아가 있다. 나무, 돌, 말, 집, 개 등도 자기만의 이데아가 있다. 그것은 눈으로 보는 구체적인 사물들의 절대적이고 보편적인 관념이다.

플라톤은 중기 작품인 『파이돈』에서 처음으로 이데아론을 꺼낸다. 여기서 소크라테스는 심미아스에게 '정의 자체', '미 자체', '선 자체'와 같은 것이 있다고 말할 수 있는지를 묻는다.

"우리는 정의가 그 자체로 있다고 하는가, 아니면 전혀 없다고 하는가?"

"미 자체와 선 자체 역시 있다고 하는가?"

『파이돈』 65d

플라톤은 여기서 이데아를 '~자체'라고 표현하면서 '존재하는 모든 개체의 본성'이라고 말한다. 예를 들어 정의로움을 정의로움이게, 아름다움을 아름다움이게, 선을 선이게 만들어주는 것이 바로 이데아라는 것이다. 사물의 본질인 이데아는 현실 세계를 초월해 다른 어떤 세계에 있다고 생각했다.

반면에 아리스토텔레스는 눈에 보이는 현실 세계만을 인정하고 이데아의 세계를 부정했다. 아리스토텔레스는 이 세상의 모든 것이 '형상'과 '질료'로 이루어져 있다고 보았다.

예를 들어 도토리가 자라난다면 참나무가 되지 결코 다른 나무가 되지 않는다. 왜냐하면 도토리 안에는 참나무의 본질, 즉 형상이 들어 있기 때문이다. 아리스토텔레스는 이것을 '엔텔레케이아(entelecheia)', 즉 '완전태'라고 불렀다. 도토리는 가능성을 품은 '가능태'이고 참나무는 가능성이 현실로 구현된 도토리의 '완전태'인 것이다. 아리스토텔레스는 이처럼 사물의 본질이 우리 눈에 보이는 사물 안에 존재한다고 생각했다.

이상주의자 vs. 현실주의자

라파엘로는 「아테네 학당」에서 플라톤과 아리스토텔레스의 손을 서로 다른 방향으로 그려 두 철학자가 추구한 철학이 어떻게 다른지 보여주었다. 플라톤은 참다운 세계인 이데아를 추구하는 이상주의자이기에 하늘을 가리키고 있고, 아리스토텔레스는 이데아란 단순한 관념에 불과하고 현실 세계만 존재한다고 주장하는 현실주의자이기에 손바닥을 땅으로 향하고 있다.

이 세상을 바라보는 두 가지 시선이 있다. 하나는 눈에 보이지 않는 정신적 가치를 중요시하는 이상주의다. 또 다른 하나는 먼 미래나 가능성보다는 지금 눈앞의 놓인 물질적 가치를 중요시하는 현실주의다. 이상주의적 삶과 현실주의적 삶 가운데 어떤 삶이 더 바람직할까? 둘 중 하나를 반드시 선택해야 할까?

어느 것이 옳은지 따져볼 수 있다. 2000여 년간 이어져 온 대논쟁에 참전하는 것이다. 하지만 또 다른 선택지도 있다. 일상을 충만하게 누리기 위해 두 가지 시선을 모두 받아들이는 것이다. 삶을 바라보는 시선이 둘 중 하나로만 극단적으로 흘러갈 때 스스로 알아차리고 경계하는 방식으로 지혜롭게 활용한다면 어떨까. 극단적인 이상주의자는 실현 가능성이 전혀 없는 헛된 망상에 자신을 가둘 수 있다. 반면에 지나친 현실주의자는 삶을 너무 비관적으로 바라보기에 허무주의에 빠질 수 있다. 두 경우 모두 내가 원하는 진정한 목표가 무엇인지, 또 내가 누구인지를 망각하게 만든다.

플라톤과 아리스토텔레스가 손으로 가리켰던 곳은 달랐지만, 두 철학자가 사물의 본질을 이데아, 즉 형상에서 찾고 있다는 점에서는 차이가 없다. 우리는 자신의 삶 속에서 본래의 자기를 찾아야 할 운명을 타고났다. 이상과 현실 사이에서 방황할 때 가장 필요한 것은 온전한 자기 자신의 모습을 발견하는 것뿐이다. 이상주의자든 현실주의자든 우리는 모두 각자 자기 자신의 길을 떠나야 한다.

우리는 그림자를
진짜라고 믿고 있지 않을까

동굴의 비유

PLATO

영화 〈매트릭스〉는 2199년 인공지능에 의해 인류가 양육되는 디스토피아적 미래를 배경으로 한다. 주인공 네오는 1999년 낮에는 평범한 회사원이지만 밤에는 온갖 범죄를 저지르는 해커로 활동 중이다. 그런데 어느 날 그는 모피어스라는 인물의 도움으로 자신이 살아가는 세계가 가짜 세계임을 알게 된다.

네오는 세계의 진실을 알기 위해 모피어스가 준 빨간 약을 골라 먹는다. 액체로 채워진 인큐베이터 안에서 깨어난 네오는 거대한 기계 속에서 수많은 인간이 잠들어 있는 것을 본다. 인간들은 태어나자마자 인공지능이 만든, 진짜보다 더 진짜 같은 '매트릭스'라는 가상현실에서 살아간다. 1999년의 세계는 인공지능이 만들어낸 꿈의 세계이자 가상현실이었고, 진짜 세계는 인공지능이 인간을 지배하고 있는 2199년이었다.

내가 바라보는 세계가 진짜가 아닐 수도 있다고 생각해 본 적 있는가? 만약 우리가 아침에 일어나 잠들기 전까지 바라보고 만지고 느끼는 이 세계가 진짜가 아니라면, 우리는 어디에서 진짜 세계를 찾을 수 있을까.

평생 그림자만 바라보는 사람들

플라톤은 『국가』 7권에서 '동굴의 비유'를 설명한다. 책에서 소크라테스는 플라톤의 형 글라우콘에게 죄수들이 살고 있는 지하 동굴 하나를 상상해 보라고 말한다. 그 지하 동굴의 입구는 불빛을 향해 길게 열려 있다. 그런데 지하 동굴 안에서 살고 있는 사람들은 날 때부터 다리와 목이 쇠사슬에 묶여 있어서 언제나 그곳에 머물러 있을 수밖에 없는 상태다. 심지어 고개조차 돌릴 수 없었기에 오직 앞쪽 동굴 벽만 바라보고 살아간다.

그들 뒤편 저 멀리에서 불빛이 동굴 안을 비추고 있다. 하지만 죄수들은 그 불빛이 어디서 오는지 알 수 없다. 죄수들의 등 뒤에는 나지막한 담이 쌓여 있다. 그리고 그 뒤에 숨은 누군가가 마치 그림자 인형극을 하듯 담 위로 인간과 동물의 모형들을 들고 지나다닌다.

쇠사슬에 묶인 죄수들은 불빛에 의해 맞은편 동굴 벽면에 비친 인공물의 그림자들을 실물이라고 믿는다. 그들은 고개를 돌릴 수 없어서 벽에 비친 그림자의 세계만 평생 봐왔기 때문이다. 그림자 이외에 또 다른 세계가 있다는 사실을 전혀 생각조차 할 수 없다.

그들은 자신이 보는 그림자를 실물이라고 부르지 않겠는가?

『국가』 514b

그런데 만약 죄수 중 한 명이 쇠사슬에서 풀려나 고개를 돌려 뒤를 돌아본다면 어떻게 될까? 죄수는 그동안 벽에 비친 그림자를 통해 봤던 그 모형들을 직접 보고는, 자신이 실물이라 믿었던 그림자가 실은 하찮은 것이라는 사실에 크게 당황할 것이다. 그리고 누군가 그를 거칠고 험한 오르막길 너머 동굴 밖으로 끌어낸다면 이데아의 세계가 있다는 사실에 놀랄 것이다.

하지만 처음에는 눈이 부셔서 당장은 아무것도 볼 수 없다. 불빛 때문에 고통을 느낄 뿐이다. 사물들을 제대로 보려면 '익숙해짐'이 필요하다. 그림자만 보고 살았던 죄수는 불빛에 서서히 익숙해진 뒤에야 실물을 볼 수 있다. 그런 후에야 그가 동료 수감자들과 동굴 안에서 보아온 모든 것의 원인인 태양을 보게 될 것이다.

이제 동굴 밖의 세계가 진정한 실재의 세계임을 깨달은 죄수는 자신에게 일어난 변화로 행복감에 휩싸인다. 그는 전에 자기가 살았던 동굴 안에서의 삶을 회상한다. 그곳에 남아 있던 나머지 죄수들이 불쌍해서 다시 동굴로 내려간다.

햇빛에 익숙해진 그의 눈이 어둠에 익숙해지려면 또다시 시간이 걸릴 것이다. 다른 죄수들은 그가 위로 올라가더니 눈이 상해서 돌아왔다고 비웃을지도 모른다. 아무리 그가 그들이 보고 있는 그림자는 허상이며, 동굴 밖에는 실재의 세계가 존재한다고 설명해도 그들은 이해하지 못한다. 쇠사슬을 풀어주면서 동굴 밖으로 나가자고 한다면 죄수들은 위쪽으로 데려가려는 자가 그들을 속이려 한다고 생각하고 모조리 죽여버려야 한다고 말할 것이다.

어떻게 굴레에서 해방될 것인가

플라톤은 이러한 동굴의 비유를 통해서 무엇을 말하고자 했을까? 그는 이 세상을 '동굴 안의 세계'와 '동굴 밖의 세계'로 나누었다. 앞의 이원론에서 살펴본 '보이는 세계'와 '보이지 않는 세계'의 개념과도 통하는 개념이다.

그가 말한 동굴 안의 세계는 인간의 눈이나 귀와 같은 감각으로 지각되는 지상의 세계다. 동굴 안을 비추었던 불빛은 이 세계를 비추는 태양을 비유한다. 동굴에서 담벼락 뒤의 존재가 운반했던 모형들은 시간과 공간 안에 있는 세계이며, 벽에 비친 그림자는 모형의 모사일 뿐이다. 반면에 동굴 밖의 세계는 지성으로만 알게 되는 세계로 이데아, 즉 실제 형상이 존재하는 곳이다. 예를 들어 죄수가 동굴 안에서 토끼의 그림자를 봤다면 담벼락 뒤의 존재가 운반한 것은 토끼 모양의 인공물이고, 실제 토끼는 동굴 밖에 존재한다.

플라톤에 따르면 감각으로 알 수 있는 세계는 수시로 변화하고 상대적이며 불완전하므로 가상 세계다. 반면에 이데아의 세계는 불변하며 절대적이고 완전한 참된 세계다. 우리가 바라보는 세상이 진실이 아닐 수도 있는 것이다.

이데아의 세계에 가까워지려면 어떻게 해야 할까. 여기

에는 두 가지 방법이 있다. 첫째, 내적 성장을 최우선으로 하는 삶만이 이데아를 향한다. 우리는 모두 알고 있다. 돈이나 권력과 같은 물질적 부는 한순간에 물거품처럼 사라질 수 있다는 사실을 말이다. 언제고 사라질 수 있는 그림자를 삶의 절대적 가치라고 믿고 살아간다면 실제로 그것들이 사라졌을 때 크나큰 상실감에 휩싸일 수밖에 없다. 고작 그림자일 뿐인데 말이다. 반면에 내적 성장은 사라지지 않는다. 내가 깨달은 참된 지혜는 누구도 훔쳐 갈 수 없다. 눈에 보이는 것 그 이상, 지성과 용기, 미덕과 지혜 등 눈에 보이지 않는 가치들을 깨닫기 위해 노력할 때 우리는 그림자와 굴레에서 해방될 수 있다.

둘째, 참된 지식을 방해하는 편견과 고정관념에서 벗어나야 한다. 동굴 안의 죄수들에게 그림자만 바라보게 만든 것은 무엇일까? 그들을 묶고 있던 쇠사슬이다. 그들은 쇠사슬 때문에 동굴 밖 참된 세계를 바라보지 못한다. 이때 쇠사슬은 우리가 참된 지식을 갖지 못하게 방해하는 편견, 고정관념, 선입견 등을 의미한다. 플라톤은 동굴 안에서 감각을 통해 얻은 지식은 단순한 의견에 불과하다고 말한다. 지금까지 진실이라고 믿어 왔던 신념이나 가치관이 고정관념이나 편견일 수 있다.

혼의 비약이 이뤄진다는 것

동굴의 비유는 사실상 참다운 교육이 무엇인지를 설명한다. 플라톤에 따르면 교육이란 영혼 전체를 다른 방향으로 전환하는 것이다. 교육은 편견이나 망상에서 벗어나 새로운 관점을 갖게 한다.

그렇다면 플라톤이 말한 이데아의 세계는 어디에 있을까? 각자 내면에서 발견되기를 기다리고 있는 건 아닐까? 우리는 내면에 존재하는 이데아를 관념, 영혼, 무의식 등으로 부르고 있지 않을까? 어떻게 하면 마음의 눈을 떠서 내면의 이데아를 볼 수 있을까?

외면의 나와 내면의 나 사이에 하나의 거울이 있다고 가정해 보자. 이따금 그 거울을 통해 내면을 들여다보는 연습을 해야 한다. 처음에 그 내면의 거울은 베일에 가려진 것처럼 흐릿하게 보일 것이다. 그러나 내면을 바라보는 연습을 하면 할수록 어두웠던 그 거울은 환해질 것이다.

내가 바라보는 그림자의 본래 형체가 무엇인지 상상해 보라. 우리는 흔히 과거를 후회하거나 미래에 대한 불안으로 괴로워한다. 하지만 그 괴로움은 과거와 미래의 그림자 또는 망상일 뿐이다. 과거는 이미 지나갔고 미래는 아직 오지 않았다. 현재 나의 마음 상태가 어떤지, 과거와 미래가 왜 현재의 나를 불안하게 하는지 들여다봐야 온전한 나 자신, 불변하는 존재로서의 자아를 만날 수 있다.

어두운 세상에서 동굴 밖 밝은 세상으로 위험한 발걸음을 내디뎌야 한다. 이것은 대단한 노력과 용기가 필요한 하나의 모험이다. 그림자를 실체로 인식하는 가장 낮은 단계에 머물지 않고, 동굴 밖의 세상으로 오르기 위한 지난한 과정을 플라톤은 '아나바시스(anabasis)', 즉 상승이라고 말한다. 지성에 의해 알 수 있는 영역으로 '등정'하여 '혼의 비약'이 이뤄지는 것이다.

'진리의 깨달음'의 장애물은 바로 멀리 있지 않다. 눈을 감고 그대 자신 속으로 들어가라. 내면의 깊은 곳에 있던 그림자가 사라지는 순간 우리는 태양을 바라보게 될 것이다.

스스로 깨달은 참된 지혜는 누구도 훔쳐 갈 수 없다.

지성과 용기, 미덕과 지혜 등

눈에 보이지 않는 가치들을 깨닫기 위해 노력할 때

우리는 그림자와 쇠사슬에서 해방될 수 있다.

욕망과 투쟁하고
타협하라

영혼 삼분설

PLATO

이성과 감성은 사람의 성향을 파악하는 기준으로 오랫동안 기능해 왔다. 특히 최근에는 성격 유형 테스트인 MBTI가 유행하면서 이성형 인간과 감성형 인간의 특징이 다양하게 이야기되고 있다.

이성적 성향이 강한 사람은 합리적이고 직관적인 삶을 추구한다. 자신의 욕망을 억제하고 통제하며 욕망에 거스르는 삶을 살아간다. 대체로 신중하고 사변적이기 때문에 분석적인 삶을 추구한다. 열정보다는 냉정에 가깝다.

반면 감성적 성향이 강한 사람은 감정적이고 감각적인 삶을 추구한다. 감수성이 풍부하고 눈물이 많다. 현실 세계

너머 다른 차원의 삶을 꿈꾸는 몽상가이며 외롭고 정처 없이 방황하는 자유로운 영혼의 소유자다. 냉정한 이성보다는 열정이, 관념보다는 감각이 뛰어나기에 내면에서 강하게 솟구쳐 오르는 욕망에 충실한 삶을 추구한다.

사람을 이성과 감성으로 구분하는 관점의 시작은 그리스 로마 신화로 거슬러 올라간다. 올림포스 12신 가운데 서로 대립하는 두 명이 신이 있다. 바로 아폴론과 디오니소스다. 제우스와 레토의 아들인 아폴론은 음악과 시, 예언, 의술, 궁술을 관장한다. 태양신으로서 '빛나는 자'라는 뜻의 '포이보스'라는 별칭을 가졌으며 빛, 이성, 질서, 분별, 균형, 예지력, 예술 등을 상징한다.

반면에 제우스와 인간 세멜레의 아들인 디오니소스는 포도나무와 포도주의 신으로 다산과 풍요를 관장한다. 기쁨과 광란, 황홀경의 신으로 무질서, 감성, 도취, 황홀, 광기, 강한 생명력 등을 상징한다.

이성은 두 마리의 말을 끄는 마부다

플라톤은 이성과 감성 중 어느 것을 우세하다고 보았을

까. 이와 관련해 재미있는 일화가 있다. 어느 날 소크라테스가 꿈을 꾸었다. 그는 꿈속에서 새끼 백조를 무릎 위에 올려 놓고 있었다. 그런데 백조는 순식간에 날개를 펼치더니 아름다운 소리로 지저귀면서 하늘로 날아가 버렸다. 다음 날 플라톤이 그의 제자로 들어왔다. 플라톤이 비극 경연 대회에 참가하기 위해 디오니소스 극장 앞을 지나다가 소크라테스를 만났던 바로 그날이었다. 소크라테스는 플라톤을 보고 말했다.

"이 사람은 꿈에서 보았던 그 백조가 틀림없다."

백조는 이성의 신 아폴론을 상징하는 동물이다. 소크라테스는 자신의 꿈에서 날아오른 백조가 플라톤임을 바로 알아보았는데, 결국 소크라테스의 예지몽은 정확하게 들어맞았다. 플라톤은 철저히 이성 중심 철학자로, 그의 사상은 그리스도교와 함께 이후 유럽인의 삶에 막대한 영향을 끼쳤다.

플라톤은 감성, 즉 욕망보다 이성에서 인간 존재의 의미를 찾았다. 이성 중심주의로 흘러온 2000여 년 서양 철학 역사는 플라톤에서 시작되었다고 봐도 과언이 아니다. 플라톤은 인간의 영혼을 '영혼 삼분설'과 '마차의 비유'로 설명하며 이성의 힘을 강조했다.

플라톤은 『국가』 4권에서 인간의 영혼이 이성, 기개, 욕망의 세 부분으로 이루어졌다고 말한다. 첫 번째 부분인 이성은 추론적이고 합리적으로 현명한 의사 결정을 내리도록 한다. 플라톤은 인간의 이성을 영혼의 속성으로 받아들였다. 이성은 머리에 해당하는 부분으로 '지혜'라는 덕과 연결된다. 플라톤은 혼의 이성적 부분은 지혜롭기 때문에 혼 전체를 보살피고 지배하기에 적합하다고 말한다.

두 번째 부분인 기개는 인간을 분노하게 한다. 기개는 이성의 명령에 복종하고 육체적 욕망을 억압하는 데 협력한다. 심장에 해당하며 '용기'라는 덕과 연결된다. 플라톤은 용감하다는 건 기개가 쾌락과 고통에 휩싸여도 두려워하지 않고 이성의 지시를 끝까지 보전하는 것이라고 말한다.

세 번째 부분인 욕망은 사랑과 배고픔과 갈증을 느낀다. 욕망은 만족과 쾌락과 밀접한 관계가 있다. 혼의 대부분을 차지하며 특히 재물에 관해 만족할 줄 모른다. 그래서 욕망은 복부에 해당하는 부분으로 '절제'라는 덕을 필요로 한다. 플라톤은 이성과 기개로서 욕망이 육체적 쾌락으로 가득 차지 않도록 감시해야 한다고 말한다. 욕망이라는 부분이 너무나 크고 강해지면 삶 전체를 완전히 망쳐놓을 수 있기 때문이다. 그래서 플라톤은 이성과 나머지 부분의 관계에 대해 다음과 같이 말한다.

절제할 줄 안다는 것은 이러한 세 부분이 사이좋게 화합한 결과가 아니겠는가. 지배하는 부분과 지배받는 부분 사이에서, 이성적 부분이 지배하는 게 타당하다는 것으로 의견이 일치해 서로 다투지 않는 경우 말일세.

『국가』 442c~d

나아가 플라톤은 『파이드로스』에서 인간 영혼이 최상의 상태가 되는 것을 '마차의 비유'를 들어 설명한다. 영혼은 마치 한 사람의 마부가 날개 달린 두 마리의 말을 이끄는 마차와 같다는 것이다. 여기서 마부는 이성을, 말들은 각각 기개와 욕망을 비유한다.

두 마리의 말 가운데 기개는 영혼의 용감한 부분으로, 마부를 잘 따른다. 하지만 또 다른 말은 정신없이 날뛰는 욕망으로, 마부의 말을 따르지 않는다. 플라톤은 마차의 비유를 통해 이성인 마부에 의해서 욕망이 통제되어야 한다고 말한다. 만약 이성이라는 마부가 욕망이라는 말을 제대로 통제하지 못한다면 영혼이 도덕적인 타락의 길로 떨어질 수밖에 없다는 것이다.

이처럼 플라톤은 이성과 욕망 사이에 대립적·모순적 관계를 설정한 후 이성을 우위에 둔다. 인간이 가진 이성은 영혼의 가장 본질적인 부분이며 나머지 기개와 욕망은 감각적인 세계에 속한다는 것이다.

욕망을 제대로 다스리는 법

여기서 한 가지 의문이 든다. 우리가 정말 이성적인 존재라면 삶은 왜 이토록 엉망진창이고 부조리한 것일까? 욕망에 사로잡혀 이성을 놓아버리는 일은 일상에서 너무나 흔하다. 진위가 밝혀지지 않은 사건임에도 추측만으로 가해자를 지목해 손가락질하는 것도, 건강관리를 위해 다이어트를 선언하고선 밤 11시에 야식을 시켜 먹는 것도 이성적이지 않다. 우리는 어떻게 해야 욕망의 노예에서 벗어날 수 있을까?

여기에는 두 가지 방법이 있다. 첫째, 자신의 욕망과 투쟁해야 한다. 끊임없이 솟아오르는 욕망과의 싸움은 자기 자신을 상대로 벌이는 전쟁이다. 그래서 이성을 통한 자기 지배란 자기 극복을 의미한다. 플라톤은 『국가』에서 '절제는 일종의 질서이며, 어떤 쾌락과 욕망의 억제'라고 말한다. 절제로 자기 욕망의 주인이 되라는 것이다. 플라톤에 따르면 우리 혼 안의 더 나은 부분인 이성이 더 못한 부분을 제어할 때 자기 자신의 주인이 된다. 플라톤은 '자기 자신을 이긴다'고 표현한다.

반면에 혼 안에 더 못한 부분이 많아져 더 나은 부분이 제압당하면 자기 자신의 노예가 된다. 플라톤은 이러한 사람을 '자기 자신에게 진' 무절제한 자라고 말한다. 그러면서 제대로 된 양육을 받지 못하거나 나쁜 영향을 미치는 사람을 가까이 둘 때 영혼이 무질서한 상태에 빠진다고 말한다.

하지만 욕망과 싸우는 것만으로는 스스로를 통제할 수 없다. 그래서 플라톤은 둘째, 욕망과 타협해야 한다고 말한다. 욕망 그 자체는 인정하라는 것이다. 욕망은 자연스러운 본능이기에 무조건 부정해서는 행복해질 수 없다. 플라톤은 자신의 욕망과의 관계를 어떻게 설정하느냐에 따라 균형 있고 조화로운 삶이 결정된다고 말한다.

욕망이라는 나무들을 잘 가꾸지 않는다면, 결코 행복이라는 정원을 건설할 수 없다. 욕망은 인간이 삶을 유지하는 강력한 추동력이다. 만약 삶이 무의미하다면 그것은 욕망을 억압하거나 포기했기 때문일 수 있다. 욕망을 무조건 억압하고 제어함으로써 진정한 삶에 도달할 수 있다고 생각한다면 불행해질 수밖에 없다.

모든 행동은 욕망을 토대로 한다

플라톤은 『국가』에서 각각의 영혼에 해당하는 지혜(이성), 용기(기개), 절제(욕망)라는 세 가지 덕목이 가장 조화를 이룬 상태를 정의, 즉 올바름이라고 말한다. 반면에 불의, 즉 올바르지 못함이란 '영혼의 내전'이라고 말하며 영혼의 어느 한 부분이 반란을 일으키는 것에 비유한다. 지금처럼 욕망을 자극하는 시대에 사는 현대인에게 플라톤의 비유는 의미심장하다.

우리는 누군가와 열정적으로 사랑에 빠지고 싶은 욕망, 정처 없이 자유롭게 떠돌고 싶은 욕망, 자신의 예술적 감각을 작품으로 남기고 싶은 욕망, 부자가 되고 싶은 욕망, 권력을 가지고 싶은 욕망 등 수많은 욕망에 둘러싸여 산다. 욕망을 거스르는 삶과 욕망에 충실한 삶 가운데 어떤 삶을 추구해야 할까.

모든 행동은 욕망이라는 본능적 감정을 토대로 한다. 이성이라는 마부가 욕망이라는 말에 채찍을 가하며 길들이려 하지만, 그 말이 꼼짝도 하지 않고 서 있다면 어떻게 될까? 이럴 때 인간은 열정이 없는 상태다. 아무것도 하고 싶지 않은 상태인 것이다. 이성이 명령을 내려 행동으로 옮기려면 감정 상태도 좋아야 한다. 플라톤이 시와 예술을 통해 감수성을 배워야 한다고 강조했던 이유가 바로 여기에 있다.

결국 이성이든 감성이든 어느 한쪽으로 치우쳐서는 행복해질 수 없다. 삶의 균형을 이루는 방법을 플라톤은 한마디로 말한다.

"이성으로 혼 전체를 보살피고 지배하라."

2장

PLATO

Aretē

어떻게 더
인간다운 삶을 살 것인가

인간다운 사람만이
행복해질 수 있다

미
덕

PLATO

최근 우리 사회는 중간계층이 줄어들고 사회계층이 양극
단으로 나뉘면서 빈부격차가 극심하게 나타나고 있다. 경제
환경의 급격한 변화와 저출산, 고령화, 일자리 부족 등 다양
한 원인과 맞물리면서 경제적 불평등은 심화하고 있다.

이는 삶의 방식에도 커다란 변화를 일으켰다. 빈부격차
가 벌어지면서 빈곤층이 상류층으로 이동하는 것은 거의 불
가능해지고, 중산층에서 빈곤층으로 추락하기는 쉬워졌다.
평생 일해서 돈을 모아도 집 한 채를 살 수 없거나 저축해서
모은 돈으로 집을 샀어도 한순간에 집값이 폭락하는 일이 허
다하다. 누구나 열심히 일하고 노력하면 원하는 삶을 살 수

있다는 기대감이 급격히 사라졌다. 머릿속으로 꿈꾸는 이상적인 삶과 현실적인 삶의 괴리가 크게 벌어지고 있다.

계속되는 경기 침체, 고금리, 고물가, 고환율 등의 경제난 속에서 급기야 '불황 우울증'까지 생겼다. 이러한 현상은 불법 도박, 가상화폐, 주식, 로또 등으로 한 방에 경제적 어려움을 해소하려는 한탕주의적 삶으로 연결되기도 한다. 술이나 대마초와 같은 약물에 중독되어 향락주의자로 전락하는 사례도 최근 늘고 있다.

불행인지 다행인지 모르겠지만, 누구에게나 주어진 인생은 단 한 번뿐이다. 한 번뿐인 삶을 스스로 망치고 싶은 사람은 없다. 뜻대로 되지 않는 세계에서 삶의 의욕을 잃지 않으려면 어떻게 해야 할까.

플라톤은 매 순간 변화하는 세계에서 흔들리지 않고 제대로 살아가기 위해 '참된 삶이란 무엇인가'라는 질문을 던졌다. 그리고 그에 대한 답을 '미덕(aretē)'에서 찾았다. '아레테'로 발음되는 이 그리스어는 영어 'virtue'와 같은 뜻으로, 'virtue'는 남자다운 힘, 특히 용기를 상징하는 라틴어 'virtus'에서 유래했다. 그렇다면 참된 삶으로 이끄는 플라톤의 미덕이란 무엇일까.

인간다운 인간으로 살아가고 있는가

흔히 미덕이라고 하면 용기, 정의, 절제와 같은 도덕적 미덕만을 떠올린다. 하지만 소크라테스를 비롯한 고대 그리스 철학자들은 미덕을 '탁월함', '훌륭함', '좋음'과 같은 뜻으로 사용했다. 플라톤은 『국가』에서 미덕을 어떤 능력이나 고유한 기능을 잘 발휘하는 탁월한 상태로 설명한다. 각자 부여받은 기능을 제대로 수행하는 것이다. 탁월함에 반대되는 그리스어 '카키아(kakia)'는 어떤 능력이나 기능이 탁월하게 발휘되지 않은 '무능함', '나쁨', '열등함' 등을 의미한다.

예를 들면 눈의 탁월함은 눈이 제 기능을 잘 수행해 잘 보는 것이고, 귀의 탁월함은 귀가 잘 들리는 것이다. 의사의 탁월함이란 도덕적으로 성품이 좋아 존경받는 의사가 아니라 의술을 최고로 잘 발휘하는 의사를 말한다.

그렇다면 참된 삶을 만드는 탁월함이란 무엇일까? 플라톤에 따르면 인간으로서 탁월함을 발휘하는 것이다. 각자 자신에게 주어진 제 기능을 적절히 수행하느냐에 달려 있다. 우리는 인간으로서 제 기능을 하면서 살고 있을까? 인간으로서 제 기능을 발휘한다는 것은 '인간다움'의 문제일 것이다. 우리는 어떻게 해야 인간다워질 수 있을까.

플라톤은 『메논』에서 젊은 귀족이자 소피스트의 제자였던 메논이 소크라테스와 미덕에 관해 대화하는 장면을 보여준다. 메논은 소크라테스에게 묻는다.

"탁월함은 가르칠 수 있는 것입니까? 수련의 결과입니까? 타고나는 것입니까? 이 모두가 아니라면 사람들에게 미덕은 어떻게 생겨나는 것입니까?"

소크라테스는 메논에게 만약 탁월함이 일종의 지식이라면 분명 가르칠 수 있다고 대답한다. 그리고 삼단논법 추리를 통해 탁월함이 지식이라는 사실을 증명한다. 소크라테스에 따르면 탁월함이란 좋은 것이며 유익한 것이다. 또 유익한 것은 지식이다. 결국 탁월함은 유익한 것이기 때문에 지식의 일종이다. 탁월함은 지식이므로 가르칠 수 있고, 배움을 통해 획득할 수 있다는 것이다. 소크라테스는 다음과 같이 결론을 내린다.

"미덕이 곧 지식이다."

행복한 삶은 어떻게 만들어지는가

고대 그리스 철학자들은 인간이 궁극적으로 행복한 삶을

추구한다고 말하며 '에우다이모니아(eudaemonia)'라는 개념을 제시했다. 그리스어 '에우다이모니아'는 '행복'으로 번역되는데 조금 더 깊게는 '인간의 번영', '좋은 삶'을 뜻한다. 플라톤은 에우다이모니아적 삶은 탁월한 삶과 연결된다고 보았다. 탁월함으로부터 건강, 돈, 사랑, 지혜, 지식 등 모든 좋은 것이 생긴다는 말이다.

> 돈이 있다고 해서 미덕이 생겨나지는 않지만, 미덕이 있으면 사적으로든 공적으로든 돈과 사람에게 좋은 모든 것이 생겨납니다.
>
> 『소크라테스의 변론』 30b

탁월함은 행복을 얻기 위한 수단이다. 현재의 상태를 뛰어넘어 성장하려는 힘으로, 평범함을 넘어서는 결과를 이끈다. 나의 자질과 역량을 탁월한 수준으로 키우면 행복한 삶을 살 수 있다.

르네상스 시대의 사상가 마키아벨리는 운명의 소용돌이에서 살아남기 위한 능력으로 미덕을 강조한다. 그의 대표작 『군주론』에는 '비르투(virtú)'라는 개념이 등장하는데, 고대 그리스의 '아레테(미덕)'와 로마의 '비르투스'에서 유래한 말이다. 비르투는 인간의 미덕과 역량으로, 특히 행운과 불운을 다스리는 운명을 뜻하는 '포르투나(fortuna)'에 대항할 인간의 능력을 뜻한다.

마키아벨리는 운명을 고대 그리스 로마 신화에 등장하는 운명의 여신 티케에 비유해 험난한 강이나 바다, 변덕스러운 여성으로 표현한다. 그러면서 한 치 앞도 예측할 수 없는 운명에 어떻게 대응할지 두 가지 방법을 제시한다.

첫 번째는 운명에 대한 소극적인 태도로, 평상시에 역량을 키우는 것이다. 마키아벨리는 운명의 반은 인간의 역량에 달려 있다고 말한다. 만약 운명에 대항할 역량을 갖추지 않는다면, 결국 운명의 여신이라는 험난한 강은 제방이나 둑을 쌓지 않은 곳을 골라 덮친다는 것이다. 전적으로 운명에 의존하는 인간은 그 운명이 변할 때 몰락할 수밖에 없다. 타인의 호의나 운이 좋아서 군주가 된 사람보다, 자신의 힘에만 의지해 개혁을 주도하는 군주가 똑같은 시련을 겪더라도 자신의 지위를 잘 유지할 수 있다.

두 번째는 운명에 대한 적극적인 태도로, 변덕스러운 운명의 여신과 조화를 이루기 위해 과감하게 행동하는 것이다. 운명 앞에서 무언가를 결정해야 한다면 섬세하고 신중하게 고민하기보다 과감하게 결단을 내리라고 말한다. 하나하나

계산하기보다 일단 행동하라는 것이다.

미덕과 지식이라는 두 기둥

그리스 신화에서 기회의 신은 앞머리만 있고 뒷머리가 없는 것으로 묘사된다. 따라서 우리는 기회가 오기 전에 미리 탁월함을 키워놔야 한다. 기회가 왔을 때 그 탁월함을 발휘하여 단번에 기회를 움켜쥐는 것이다. "기회는 준비된 사람의 몫"이란 말이 있는 이유다.

하루아침에 벼락부자가 될 것처럼 요행을 바라거나 타인의 지위나 부를 이용해 더 나은 삶을 꿈꾼다면 예상하지 못한 상황이 들이닥칠 때 쉽게 무너져 버리고 말 것이다. 다시 말해 우리의 참된 삶은 자기 주도적인 삶을 통해 이루어진다.

고대 그리스 사람들이 꿈꿨던 에우다이모니아, 즉 인간의 번영은 미덕과 지식이라는 두 가지 측면을 바탕으로 한다. 미덕을 얻으려면 자신이 일하는 분야를 잘 알고 있어야 한다. 미덕은 탁월한 성취를 가능케 하고, 지식은 미덕을 얻는 원천이다. 미덕은 우리가 험난한 세계를 헤쳐 나갈 수 있는 기술이자 능력이고, 지식은 세계 속에서 우리가 어느 위치에 있는

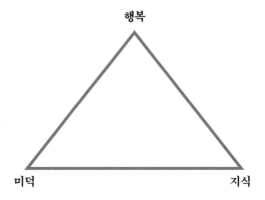

지 볼 수 있는 통찰력이다. 오늘날 우리가 진정한 행복을 이
루기 위해서는 미덕과 지식 두 기둥을 스스로의 힘으로 단단
하게 세워야 하는 것이다. 탕진하는 삶보다 가치를 생산하는
삶이 나를 더욱 행복하게 만들어줄 것이다.

하루아침에 벼락부자가 될 것처럼 요행을 바라거나

타인의 지위를 이용해 더 나은 삶을 꿈꾼다면

예상하지 못한 상황이 들이닥칠 때

쉽게 무너져 버리고 말 것이다.

몸은 영혼의 감옥이다

영혼과 육체

PLATO

마르고 날씬한 몸매가 미의 기준이 되면서 다이어트 열
풍이 일고 있다. 하루가 멀다고 온갖 종류의 다이어트 프로그
램과 보조제, 갖가지 운동 방법이 홍수처럼 쏟아진다. 그러는
동안 남녀를 불문하고 식이장애에 시달리는 사람들도 늘어
나고 있다. 식이장애는 극단적 다이어트 후 폭식과 거식으로
우울증과 같은 심리적 문제를 일으키는 질병이다. 우울증은
다시 폭식과 거식으로 이어져 악순환의 고리에 빠지게 된다.

오늘날 '건강한 육체'는 겉보기에 날씬하고 다부진 몸매
와 동일시되고 있다. 억지로 굶거나 중독적으로 운동하면서
몸매를 가꾸는 데 집착하는 것이다. 그러다 보니 아이러니하

게도 날씬한 몸매를 얻는 대신 건강을 잃는 일이 생긴다. 심 각한 스트레스로 몸뿐만 아니라 정신적 건강까지 잃는 일도 허다하다. 어떻게 하면 정신과 육체를 모두 건강하게 할 수 있을까.

영혼과 육체의 어원에 담긴 비밀

플라톤은 중기 대화편 『크라튈로스』에서 소크라테스와 그의 제자 헤르모게네스의 대화를 통해 영혼과 육체의 어원 을 설명한다. "이름의 올바름에 관하여"라는 부제의 이 작품 은 사물에 붙여진 이름이 자연적으로, 즉 사물의 본성에서 생 겨난 것인지, 아니면 사람들의 합의에 따라 임의로 만든 것인 지 이야기한다.

플라톤은 특히 인간을 이루는 영혼과 몸의 여러 어원을 설명한다. 헤르모게네스는 소크라테스에게 인간을 이루는 '영혼(psychē)'과 '육체(sōma)'의 이름이 얼마나 적절하게 붙 여졌는지 분석해 달라고 말한다. 그러자 소크라테스는 영혼 과 육체에 대해 다음과 같이 헤르모게네스에게 설명한다.

영혼의 의미

그리스어로 '프쉬케'라 읽는 영혼의 어원에는 두 가지 의미가 있다. 첫째, 이 말은 본래 고대 그리스에서 '숨', '호흡'이라는 뜻으로 쓰였다. 다시 말해 영혼은 육체에 숨 쉴 능력과 새로운 활력을 불어넣는다는 것이다. 숨이 멎어 활력을 잃는 순간 몸은 망가져 죽을 수밖에 없다.

둘째, 소크라테스는 영혼이 육체 전체의 본성을 유지하고 지탱한다고 말한다. 본성을 운반하고 유지하는 능력을 의미하는 '퓌세케(physechē)'에서 유래했다는 것이다. 그는 이 우스꽝스러운 '퓌세케'라는 발음이 점차 세련되게 다듬어져서 '프쉬케'라는 발음으로 불리게 되었다고 말한다.

육체의 의미

소크라테스는 몸이 그리스어 '소마'라는 이름으로 불리게 된 세 가지 이유를 설명한다. 첫째, 육체는 영혼의 '무덤(sēma)'이다. 당시에는 이승에서의 영혼은 몸속에 매장되어 있다고 생각했다. 둘째, 육체는 영혼의 '표지(sēma)'이다. 영혼이 표시하고자 하는 무엇이든 몸을 통해서 드러낸다. 셋째,

육체는 영혼의 '감옥(sōma)'이다. 영혼이 죄를 짓고 벌을 받을 때 몸은 영혼이 벌을 다 받을 때까지 안전하게 보존하는 울타리다. 인간의 몸은 영혼을 가두는 일종의 감옥일 뿐이다. 소크라테스는 '몸은 영혼의 감옥이다'라는 해석이 가장 그럴 듯하다고 말한다.

왜 육체를 영혼보다 열등하다고 보았을까

플라톤은 『파이돈』에서 인간이란 영혼과 육체가 결합된 존재라고 설명한다. 그런데 영혼과 육체의 중요성을 똑같은 비중으로 보지 않았다. 영혼이 육체보다 우위에 있다고 주장한 것이다.

> 육체와 영혼이 함께하면 육체가 영혼을 혼란스럽게 하여, 영혼이 진리와 지혜를 깨닫지 못하게 방해하기 때문이지.
>
> 『파이돈』 66a

그는 『법률』에서도 영혼이 육체보다 절대적으로 우월하다고 강조한다. 살아 있을 때도 인간을 구성하는 것은 바로 영혼이며, 육체는 영혼을 따라다니는 그림자에 불과하다는 것이다. 플라톤은 왜 인간의 육체를 영혼보다 열등하다고 보았을까? 여기에는 두 가지 이유가 있다.

첫째, 혼은 신적인 것을 닮았지만 몸은 사멸하는 것을 닮았다. 앞서 살펴본 것처럼 플라톤은 이 세상을 눈에 보이는 현상계와 보이지 않는 이데아계로 나누었다. 보이지 않는 이데아계가 진짜 세계이고 현상계는 이데아를 흉내 낸 가짜 세계일 뿐이다.

플라톤은『파이돈』에서 영혼은 보이지 않는 세계와 닮았고 육체는 보이는 세계를 더 닮았다고 말한다. 영혼은 신적이고 죽지 않고 해체될 수 없고 변하지 않으며 지성으로 알 수 있다. 반면에 육체는 인간적이고 죽고 해체되고 끊임없이 변하며 지성으로 알 수 없다. 따라서 플라톤에 따르면 인간에게 영혼만이 유일한 실체이며, 육체는 그저 영혼의 닮은꼴이거나 그림자에 지나지 않는다.

둘째, 몸이 혼을 혼란에 빠뜨려 혼이 진리와 지혜에 이르지 못하도록 방해하기 때문이다. 플라톤은 영혼이 육체라는 감옥에 갇혀 있기에 인간의 불행이 시작되었다고 말한다. 플라톤은 우리가 몸을 가지고 있는 한 영혼이 육체라는 악에 오염되어 있어 진리의 길로 나아갈 수 없다고 말한다. 그는

『파이돈』에서 몸이 혼을 혼란에 빠뜨리는 상황을 다음과 같이 말한다.

- 몸은 필수적인 영양분을 섭취하느라 영혼을 바쁘게 만든다.
- 몸이 병에 걸리기라도 하면 진리 탐구에 방해를 받는다.
- 몸은 욕망, 두려움, 온갖 환상, 수많은 어리석은 생각을 영혼에 가득 채운다.
- 모든 싸움은 부를 획득하려는 몸의 욕망에서 비롯된 것이다. 결국 영혼은 몸을 섬기는 노예로 전락한다.
- 몸은 생각할 시간을 가질 때조차 소란과 혼란을 가져다주고 정신을 혼미하게 만든다.

플라톤에 따르면 인간의 육체는 영혼을 혼란에 빠뜨려 참다운 진리와 지혜에 이르지 못하도록 방해하고, 영혼이 떠나자마자 파괴되어 해체된다. 반면에 영혼은 순수하고 항상 존재하고 죽지 않으며 귀하고 선하다. 결국 건강한 존재를 만드는 것은 영혼이다. 플라톤은 '혼의 최선의 상태'에 관심을 쏟으라고 강조한다.

자신에게 온전히 집중하는 법

육체라는 감옥에서 빠져나와 정신을 고양하려면 어떻게 해야 할까? 플라톤이 말한 '혼의 최선의 상태'에 관심을 기울이는 세 가지 방법이 있다.

첫째, 내 몸을 사랑하는 것은 자유로워지는 첫걸음이다. 세상에서 말하는 아름다움의 기준을 충족시키기 위해서가 아니라 육체가 제 기능을 온전하게 발휘하도록 관리하자. 남에게 보여주려고 인생을 낭비하지 말자. 나의 진정한 본래 모습이 아닌 타인에게 맞춰진 모습으로 스스로를 뜯어고치려 하지 말자.

둘째, 마음의 허기를 정신적으로 채우는 것이다. "마음이 허해서 먹는다"라는 말이 있다. 우리는 우울한 기분이나 불안, 허전함을 음식을 먹으며 채우곤 한다. 그러고는 자책감과 우울감, 자기혐오를 느낀다. 불안하거나 우울하다면 식욕을 채우는 것 외에 다른 방법을 찾아보자. 인간관계에서 만족감을 얻을 수도 있고 취미생활로 일상을 풍요롭게 만들 수도 있다. 중요한 건 허한 내 마음을 알아주는 것이다. 잃어버린 만족감을 자기 자신에게 돌려주려 노력할 때 공허하고 외롭고 혼란스러운 마음의 그늘이 걷힌다.

셋째, 몸 안에서 들리는 온갖 내면의 소리에 귀를 기울여 보라. 우리의 영혼 안에 있는 침묵과 고요를 느끼는 것이다. 아무에게도 방해받지 않고 고독 속에서 소란스러운 세상을 외면하라. 끊임없이 재잘거리는 내면의 소리에 귀를 기울일 때, 우리는 자기 본연의 모습으로 돌아갈 수 있다. 눈에 보이는 몸을 돌보는 일이 소중하듯이 영혼을 돌보는 것 역시 중요하다. 지나치게 바쁘고 복잡하며 산만한 삶은 우리의 영혼을 메마르게 한다.

플라톤이 말한 '혼의 최선의 상태'에 관심을 기울이는 것이란 바로 자신이라는 감옥 안에 갇힌 어두운 영혼에 빛을 비추어주는 일이다. 플라톤은 철학자의 영혼은 몸을 최대한 하찮게 여기고 그것으로부터 달아나 그 자체로 있기를 추구해야 한다고 말한다. 즉 철학자는 몸에 관심을 두지 않고 되도록 몸에서 떨어져 혼을 지향해야 한다는 것이다.

매끈한 몸매를 만들기 위해서가 아니라 내면에 귀를 기울일 수 있는 건강한 상태를 만들기 위해 육체를 관리하라. 영혼을 스스로 어루만져 줄 때 비로소 타인에게 보여지는 것들로, 내가 소유하고 있는 것들로 나의 가치가 평가된다는 생각에서 벗어날 수 있다.

혼의 최선의 상태에 관심을 기울여라.

중요한 건 허한 자신의 마음을

알아주는 것이다.

삶의 고통을 회피할수록
무기력해진다

교육

PLATO

삶을 여행에 비유한다면, 좀 더 세련된 여행을 하기 위해서는 여행의 목적지가 있어야 하지 않을까? 그래서 삶에서 가장 중요한 것은 목표일 것이다. 어디로 인생이라는 여행을 떠나야 할까?

이 세계는 매 순간 끊임없이 변화한다. 변하지 않는 것이 있다면 세계가 끊임없이 변하고 있다는 사실이다. 그래서 우리의 인생도 이리저리 파도에 휩쓸리는 배처럼 삶의 목표를 정하지 못한 채 흔들린다. 사실 삶의 목표는 우리가 찾으려고만 하면 찾을 수 있다. 발견되기만을 기다리고 있을 뿐이다. 만약 명확한 목표를 발견하지 못한다면 무기력해질 수밖에 없다.

현대인들은 대부분 다람쥐 쳇바퀴 돌듯 매일매일을 판에 박힌 일상으로 채우고 있다. 그러면서 무기력감, 회의감, 피로감, 의욕 저하, 우울감 등을 느낀다. 특히 완벽주의자나 번아웃 증후군을 호소하는 일 중독자들에게는 이러한 증상이 더욱 극심하게 나타난다. 또 계절적으로 봄은 졸업과 입학, 취업과 이직, 개업과 폐업 등 사회적 환경이 변화하는 시기인데, 이러한 새로운 시작과 변화에 적응하지 못할 때 무기력증이 더 심해진다. 그래서 일본에서는 무기력증을 '오월병'이라고도 부른다. 변화의 시기에 겪는 우울증이나 무기력증을 근본적으로 해결하려면 어떻게 해야 할까? 플라톤은 '혼 전체를 생성의 세계에서 실재의 세계로 전향시켜라'라고 말한다.

미국의 과학사학자이자 철학자 토머스 쿤은 『과학혁명의 구조』에서 '패러다임'이라는 개념을 새롭게 제시했다. 패러다임이란 어떤 한 시대 사람들의 견해나 사고를 근본적으로 규정하고 있는 인식체계를 말한다. 패러다임은 '사례, 실례, 본보기' 등을 의미하는 그리스어 '파라데이그마(paradeigma)'에서 유래했다.

패러다임의 전환이란 기존의 패러다임으로 당면한 문제가 해결되지 않을 때 새로운 패러다임을 모색하는 것이다. 다시 말해 쿤이 말한 패러다임의 전환이란 과학혁명을 통해 낡은 패러다임을 버리고 새로운 패러다임으로 갈아타는 것을 의미한다.

앞서 동굴의 비유에서 살펴본 것처럼 동굴 벽에 비친 그림자의 세계를 진짜라고 믿고 있는 죄수들이 동굴 밖 실재의 세계를 보기 위해서는 몸 전체를 돌리지 않으면 안 된다. 그렇다면 플라톤이 말한 '생성의 세계에서 실재의 세계로 전향시킨다'라는 말은 바로 쿤이 말한 패러다임의 전환을 의미하는 것은 아닐까?

패러다임을 전환하는 가장 효과적인 방법

플라톤은 『국가』에서 우리가 어둠 속에서 가장 밝은 이데아의 세계로 나아가는 구체적인 방법이 바로 '교육'이라고 말한다. 그는 '교육이란 영혼의 지적 기관을 어떻게 써야 가장 쉽고 효과적으로 전향시킬 수 있는가 하는 방책 또는 기술'이라고 말한다. 여기서 '영혼의 지적 기관'이란 '영혼의 눈', 즉 '지성'이다. 한마디로 패러다임을 전환해 우리의 지성을 드높이는 가장 효과적인 방법이 교육이라는 것이다.

플라톤은 소크라테스가 독배를 마시고 최후를 맞이한 사건 후 몇몇 소크라테스 제자들과 메가라의 철학자 에우클레이데스의 도움을 받아 피신했다. 그 후 플라톤은 대략 기원전 390년과 388년 사이에 남부 이탈리아와 시칠리아를 방문한다. 그는 남부 이탈리아의 도시 국가인 타라스에서 당시 피타고라스주의자로 유명했던 아르키타스와 친교를 맺는다. 이때 플라톤은 피타고라스학파의 상당한 영향을 받는다.

그리고 플라톤은 시칠리아에 체류하면서 당시 최고의 권력을 누리고 있었던 참주 디오니시오스 1세와 만난다. 그런데 플라톤이 참주제를 비판하자 화가 난 디오니시오스 1세는 그를 아이기나섬의 노예상에게 노예로 팔아버린다. 다행히 키레네학파의 소크라테스주의자였던 아니케리스가 플라톤을 알아봐 몸값을 주고 그를 아테네로 돌려보낸다.

시칠리아 첫 번째 여행에서 아테네로 돌아온 플라톤은 기원전 387년에 '아카데미아'라는 이름의 철학 학교를 설립했다. 아카데미아는 유스티니아누스 황제에 의해서 폐쇄될 때까지 900년 이상 지속되었다. 아카데미아 입구에는 널리 알려져 있듯이 "기하학을 모르는 자, 이 문을 들어와서는 안 된다"라는 말이 새겨져 있었다고 한다. 피타고라스학파의 영향을 강하게 받았던 플라톤은 아카데미아의 교육 과목 중에서 수학을 특별히 강조했다. 플라톤은 『법률』에서 교육의 본질과 목적에 대해 이야기한다.

첫째, 자신을 다스릴 미덕을 키운다

플라톤은 스스로를 올바로 다스릴 줄 알고 다스림을 받을 줄도 아는 훌륭한 사람이 되고자 하는 강렬한 욕구를 불러일으키는 미덕 교육을 강조한다. 미덕, 즉 아레테는 앞서 본 것처럼 탁월함, 훌륭함을 의미한다.

플라톤은 우리가 자신을 다스릴 수 있으면 좋은 사람이고 그럴 수 없으면 나쁜 사람이라고 말한다. 그래서 그는 자신에게 이기는 것은 으뜸가는 최상의 승리이고, 반대로 자신에게 지는 것은 모든 패배 중에서도 가장 수치스러운 최악의 패배라고 말한다. 우리 안에서는 자기 자신을 상대로 전쟁이 벌어지고 있다는 것이다.

'극기복례(克己復禮)'라는 유명한 사자성어가 있다. 이 말은 공자의 『논어』 '안연' 편에서 유래한다. 안연은 공자에게 인이란 무엇인지 물었다. 공자는 '자기를 이겨 예로 돌아가는 것이 인'이라고 대답했다. 극기복례에서 '극기'란 자신의 사리사욕을 이기는 것을 의미한다. 다시 말해 극기란 현재의 나를 넘어서 자신의 역량을 최대화하는 것이다. 공자가 말한 극기복례는 플라톤이 교육을 통해 미덕을 키우라고 말한 것과 같은 의미라고 볼 수 있다.

올바른 교육은 우리가 미덕과 악덕을 분명하게 구별하고 자신의 욕망을 스스로 이길 수 있는 능력을 키우게 하는 것이다. 그래서 공자도 인의 실천은 다른 사람이 아니라 자기 자신에게 달렸다고 말한 것이 아닐까.

둘째, 쾌락과 고통의 감정을 훈련한다

플라톤은 우리 안에는 두 가지 어리석은 조언자가 있다고 말한다. 하나는 쾌락이고 다른 하나는 고통이다. 우리는 이 두 가지 감정을 가지고 미래를 예측한다. 쾌락은 미래에 대한 '자신감'이라는 감정을 심어주지만, 고통은 미래에 대한 '두려움'이라는 감정을 심어준다.

교육이란 쾌락과 고통의 감정을 제대로 배우는 과정입니다.

『법률』 2권 653c

플라톤은 인간이란 쾌락과 고통이라는 상반된 감정 사이

를 오가는 꼭두각시라고 말한다. 그래서 용기와 대담성과 같은 자신감은 두려움 속에서 단련되어야 한다고 강조한다. 우리의 삶은 고통과 쾌락으로 가득 차 있다. 이 두 감정은 인간의 본성에 깊이 뿌리를 내리고 있으며 삶에 크게 영향을 미친다. 따라서 교육으로 쾌락과 고통이라는 감정의 조화와 대립을 탐구하는 법을 배워야 한다.

또한 이러한 과정을 통해 우리는 자신의 본성과 영혼의 상태를 알게 되고 내면을 잘 돌보게 된다. 그래서 플라톤은 단순히 돈벌이, 지성이나 정의와 무관한 지적 능력을 추구하는 교육은 올바른 교육이라고 불릴 자격이 없다고 말한다. 파렴치하고 대담해지는 것들, 예를 들어 분노, 애욕, 교만, 무지, 이익 추구, 비겁함, 부, 아름다움, 체력 등 사람을 쾌락으로 도취시켜 제정신이 아니게 만드는 모든 것으로부터 최대한 자유로워지라는 것이다. 우리는 스스로 최선을 다해 평생토록 올바른 배움의 과정을 거쳐야 한다.

셋째, 영혼을 치유한다

미국의 정신과 의사 스콧 펙은 『아직도 가야 할 길』에서 "모든 것을 포기함으로써 보다 많은 것을 얻는다"라고 말한다. 더 좋고 새로운 생각과 인식 등을 발전시키기 위해서는 옛 생각과 개념 등이 죽어야 한다는 것이다. 옛것을 포기할 때 느껴지는 고통은 마치 죽음의 고통과 같다.

스콧 펙은 이러한 자기중심적인 인식을 뛰어넘는 것을 '자기 훈육'이라고 말한다. 자기 훈육이란 자기 확장의 과정이며 바로 교육을 의미한다. 우리가 기존의 낡은 선입견과 편견으로 가득 찬 세계를 뒤로하고, 낯설지만 성숙한 깨달음의 세계로 이행할 때 필요한 것이 교육이다.

또한 교육은 영혼을 치유하는 방법을 배우는 과정이다. 그래서 디오게네스 라에르티오스는 아스클레피오스가 몸의 의사이듯이, 플라톤을 영원히 죽지 않는 '영혼의 의사'에 비유한다. 플라톤은 인간들의 영혼을 글로써 고치고 싶어 한 영혼의 치유사였다. 우리는 육체적으로 건강해지는 방법뿐만 아니라 정신적으로 영혼이 건강해지는 방법도 배워야 한다. 치유되지 않은 영혼은 시들어간다.

많은 사람이 인생에서 피할 수 없는 많은 위기에 직면한다. 인생의 항로에서 마주하게 되는 전환기적 위기를 어떻게 하면 슬기롭게 넘길 수 있을까. 갑작스러운 변화는 기회이기도 하지만 위기라고 느껴질 때가 더 많다. 그래서 익숙한 것과 결별하고 낯설고 새로운 것을 경험할 때는 항상 고통이 뒤따른다. 변화는 안정감보다 불안감을 선사한다.

만약 기존의 낡은 생각과 방식을 버리지 못하고 옛 방식 그대로 행동한다면, 그 결과는 삶이 주는 고통뿐이다. 삶의 문제들이 주는 고통을 직시하는 사람은 상승하는 삶이 주는 기쁨과 만족감을 느낄 것이다. 반면에 고통의 감정을 회피하려는 사람은 무기력감과 우울감에 빠질 뿐이다. 패러다임을 전환해 동굴 밖에 존재하는 실재의 세계를 마주하려면 교육을 통해 스스로 다스리는 법을 배워야 한다. 삶이 주는 고통에 도전할 의지가 있느냐 없느냐에 따라 자기 성찰의 길로 나아가느냐가 달려 있다.

죽음이란
영혼의 해방이다

죽음

PLATO

자크 루이 다비드는 18세기 후반 유행했던 프랑스 신고
전주의 대표적인 화가다. 주로 고대 그리스나 로마 역사에 등
장하는 영웅의 삶에서 영감을 얻었는데, 1787년에는 「소크
라테스의 죽음」이라는 작품을 그렸다.

이 그림은 플라톤의 『파이돈』에 나오는 소크라테스의 죽
음과 관련된 이야기를 토대로 한다. 『파이돈』은 소크라테스
가 마지막 순간까지 죽음과 영혼의 불멸에 관해 제자들과 이
야기를 나눈 모습을 묘사한 대화편이다. 아테네 젊은이들을
타락시켰다는 죄목으로 사형을 선고받은 소크라테스는 그림
속에서 슬픔과 비탄에 잠긴 사람들에게 둘러싸여 있다. 소크

자크 루이 다비드 「소크라테스의 죽음」

라테스는 한 젊은 남자가 건네주는 독약이 든 사발을 마시려고 한 손을 뻗고 있다. 그리고 다른 한 손은 높이 들어 올려 손가락으로 위쪽을 가리키고 있다. 그에게 독약이 든 잔을 건네는 청년은 한 손으로 얼굴을 가린 채 슬퍼하고 있다.

소크라테스가 사형 선고를 받았을 때 탈옥하라고 설득했던 크리톤은 그의 무릎을 움켜쥐고 있다. 그리고 그림에서 침대 끝에 앉아 머리를 숙이고 있는 사람이 바로 플라톤이다(실제 플라톤은 몸이 아파서 소크라테스의 임종을 지키지 못했고, 당시 20대 후반 청년이었다). 소크라테스는 자신의 신념을 버리면 사형을 면할 수도 있었다. 하지만 독약을 마시고 삶을 마감했다.

죽음은 혼이 몸에서 벗어난 상태다

플라톤에 따르면 인간은 영혼과 육체가 결합된 존재다. 달리 말해 인간은 혼과 몸으로 이루어져 있다. 그렇다면 죽음이란 무엇일까? 인간이라면 누구나 언젠가 죽는다. 우리가 죽는 과정은 다음과 같이 두 단계로 나눌 수 있다.

첫째, 영혼과 육체가 분리된다

소크라테스는 『파이돈』에서 '죽음은 바로 혼이 몸에서 벗어난 상태'라고 말한다. 다시 말해 죽음이란 몸은 혼에서 떨어져 나와 혼자 있고, 혼은 몸에서 떨어져 나와 혼자 있는 상태다. 예일대 철학 교수 셸리 케이건은 『죽음이란 무엇인가』에서 "영혼과 육체가 긴밀하게 연결되어 있다면, 죽음이란 그 연결고리를 끊어버리는 사건이다"라고 말한다. 죽음이란 영혼과 육체가 분리되는 것이다.

둘째, 육체적으로 죽는다

육체의 죽음은 숨이 멎고 심장박동이 멈추며 혈액 순환

이 끊기면서 시작된다. 결국 뇌와 신체 세포들과 기관들에 산소가 공급되지 않으면서 육체는 부패한다. 육체적인 죽음이란 바로 육체가 부패하고 소멸하는 과정을 말한다. 죽음이 슬픈 이유는 바로 여기에 있다. 눈으로 볼 수 있고 손으로 만질 수 있었던 나의 몸이 죽음을 통해 이 세상에서 완전히 없어져 버리기 때문이다.

우리는 왜 죽음을 두려워하는가. 죽음을 마주할 때 희망을 품어야 하는가, 아니면 체념해야 하는가. 죽음에 대해 어떠한 태도를 지녀야 하는가. 죽음이라는 사건을 아예 잊고 살아갈 수만은 없다. 우리는 가족이나 친구들의 예상치 못한 사고, 또는 질병으로 인한 죽음을 목격하곤 한다. 가까운 사람의 죽음은 크나큰 슬픔을 안겨준다. 죽음이 슬픈 이유는 무엇일까? 죽음이 아무런 예고도 없이 한순간에 찾아오기 때문일 것이다. 사랑하는 사람을 잃을 때의 슬픔은 우리를 끔찍한 패닉 상태에 빠뜨린다. 다시는 사랑하는 사람을 만나지 못할 거라는 절망에 휩싸인다. 죽음은 서로 행복했던 추억들을 송두리째 빼앗아 버리고, 영원히 함께하자고 맹세했던 약속을 산산이 깨뜨려 버린다.

우리가 죽음을 두려워하는 까닭도 이번 삶에서 누렸던 모든 것을 빼앗아 가버리기 때문이다. 죽음은 삶의 끝을 의미한다. 죽음이란 이번 삶이 우리에게 선사했던 모든 것을 한순간에 박탈해 버린다. 그렇다면 우리는 죽음으로 인한 슬픔을 어디에서 위안받아야 할까? 죽음에 대한 두려움을 어떻게 극복할 수 있을까? 죽음과 두려움은 동의어가 아닐까?

소크라테스가 죽음을 두려워하지 않은 이유

자크 루이 다비드의 「소크라테스의 죽음」에서도 볼 수 있듯이 소크라테스는 죽음을 직면한 상황에서도 결코 노여워하거나 두려워하지 않고 믿기 어려울 만큼 냉정하고 침착했다. 오히려 그는 죽음을 기쁜 마음으로 받아들였다. 어떻게 해서 소크라테스는 죽음을 두려워하지 않을 수 있었을까. 소크라테스가 죽음을 대하는 태도에서 우리는 무엇을 배울 수 있을까. 죽음을 마주하고 산다는 것은 어떤 의미인가.

첫째, 죽음이란 영혼이 몸으로부터 해방되는 것이다

죽음이 영혼과 육체의 분리라면, 영혼과 분리된 육체가 썩어 없어지는 건 너무나 당연한 사실이다. 그렇다면 육체와 분리된 영혼은 어떻게 될까? 육체적 죽음 뒤에 영혼은 계속해서 존재할까, 아니면 소멸할까?

『파이돈』에서 사형 집행을 앞두고 소크라테스가 죽음을 태연하게 두려움 없이 맞이할 수 있었던 이유가 바로 여기에 있다. 소크라테스는 '영혼의 불멸성'을 믿었다. 영혼이 육체와 분리된 뒤, 즉 육체적 죽음 뒤에도 영혼은 소멸하지 않고 계속 존재한다는 것이다.

소크라테스에게 죽음은 저주가 아니라 축복이었다. 드디어 영혼이 몸으로부터 영원히 해방되어 자유로운 존재가 될 기회이기 때문이다. 「소크라테스의 죽음」에서 소크라테스는 손가락을 높이 들어 하늘을 가리키고 있는데, 죽은 후에 자신의 영혼은 소멸하지 않고 불멸하며 이데아의 세계로 올라간다고 말하고 있는 것이다.

둘째, 진정한 철학자는 아름다운 죽음을 열망한다

소크라테스는 '평생 진심으로 철학에 전념한 사람은 보통 사람과 다르게 죽음만을 추구한다'고 말한다. 오래전부터 추구했던 죽음이 다가왔다고 해서 화를 내는 것이 오히려 이상한 일이라는 것이다. 왜 소크라테스는 철학자가 죽음을 추구한다고 말한 것일까? 플라톤은 『파이돈』에서 철학자는 영혼을 육체로부터 분리한다는 점을 강조한다. 영혼은 육체적인 욕망에서 가능한 한 멀리 벗어날 때 진리를 발견할 수 있기 때문이다. 플라톤은 식욕, 성욕, 명예욕, 성취욕, 소유욕 등 육체적 욕망으로부터 자유로울 때만 진리와 지혜에 이를 수 있다고 말한다. 따라서 사람이 죽는 순간 육체에서 영혼이 분리되므로, 더 이상 육체가 영혼을 혼란에 빠뜨려 진리와 지혜에 이르지 못하도록 방해할 수 없게 된다.

결과적으로 소크라테스는 자신의 죽음을 행복한 마음으로 맞이할 수 있었다. 플라톤은 『파이돈』에서 결코 죽음을 두려워하지 않는 스승 소크라테스의 모습을 통해 진정한 철학자의 면모를 보여주려 했다. 그렇다면 이제 우리도 죽음을 두려움 없이 당당하게 맞이할 수 있는가? 우리는 죽음에 대해 어떠한 태도를 가져야 할까.

죽음을 운명으로 받아들이는 태도

『장자』의 '지락' 편에는 아내의 죽음에 관한 장자의 유명한 이야기가 담겨 있다. 장자는 그의 아내가 죽자 두 다리를 뻗고 앉아서 질그릇을 두들기며 노래를 불렀다. 문상을 왔던 혜자가 그 광경을 보고 '아내가 죽었는데 곡을 하지 않고 노래를 하다니, 이거 너무 심하지 않느냐'고 질책을 했다.

장자는 왜 이러한 행동을 한 것일까? 장자도 아내가 죽었을 때 처음에는 슬퍼서 목 놓아 통곡했다고 고백한다. 하지만 곧 장자는 사계절이 되풀이해서 흘러가는 것과 마찬가지로 죽음은 소멸이 아니라 변화의 과정이라는 하늘의 운명을 깨달았다.

태어나기 전 인간에게 삶이란 없었다. 우연히 기가 형성되고 인간으로 태어나면서 삶이 시작된 것이다. 죽음이란 이제 다시 변화의 과정을 통해 태어나기 전으로 돌아가는 것이다. 장자에 따르면 삶에서 죽음으로 그 경계를 넘어가는 것은 기가 뭉치고 흩어지는 일이 반복되는 순환일 뿐이다. 장자는 자신의 아내도 죽음을 통해 다시 원래의 고향으로 돌아간 것이므로 더 이상 슬퍼할 필요가 없다는 사실을 깨달았다.

우리에게는 가족의 죽음이든 자신의 죽음이든 운명으로 받아들이는 태도가 필요하다. 인간이 죽는다면 그저 태어나기 전으로 돌아갈 뿐이다. 죽음 이후를 막연히 두려워할 필요가 없다.

죽음에 대한 생각을 늘 유지하라

고대 로마 후기 스토아 철학자 에픽테토스는 '죽음, 추방, 그 밖의 무시무시해 보이는 모든 것을 날마다 눈앞에 놔두어야 한다'고 말했다. 그는 모든 것 중에서 죽음을 생각한다면, 그 어떤 비참한 생각도 하지 않을 것이며 어떤 것도 지나치게 욕망하지 않게 될 것이라고 말한다.

또한 에픽테토스는 소크라테스가 죽음을 두려워하지 않은 까닭은 죽음은 전혀 두려운 것이 아니기 때문이라고 말한다. 사람들을 심란하게 하는 것은 죽음 자체가 아니라, 죽음에 대한 믿음, 즉 두렵다는 생각이다. 다시 말해 죽음은 우리에게 아무것도 아니란 것이다. 우리가 살아 있을 때 죽음은 존재하지 않고, 죽으면 이미 우리는 존재하지 않으므로 죽음을 인식할 수 없다.

혼이 죽지 않는다면, 혼을 돌보는 일은 우리가 살아 있을 때뿐만 아니라 모든 순간에 이루어져야 하네. 만약 누군가가 혼을 돌보는 일을 게을리한다면, 무서운 위험에 빠지고 말 걸세.

『파이돈』107c

죽음을 경험해 본 사람은 아무도 없다. 따라서 죽음을 두려움의 대상이 아니라 삶에 대한 열망의 대상으로 전환해야 한다. 우리가 두려워해야 하는 대상은 죽음 자체가 아니라, 삶을 낭비하고 있다는 사실이다. 단 한 번뿐인 삶을 한 번도 제대로 살아보지 않고 있다는 현실을 직시하라. 매일매일 아침마다 살아 숨 쉬고 있다는 사실에 감사하는 마음으로 하루를 시작하라. 우리의 인생은 죽음이 아니라 삶으로 파고들 때 그 진가를 발휘한다.

사람들을 심란하게 하는 것은

죽음 자체가 아니라 죽음이 두렵다는 생각이다.

우리의 인생은 죽음이 아니라 삶으로 파고들 때

그 진가를 발휘한다.

의심하는 사람만이
진실에 가까워진다

선
분
의

비
유

PLATO

이제 사람들은 대부분 신문이나 방송과 같은 전통적인 미디어가 아니라 소셜 미디어와 SNS에서 의사소통하고 정보를 공유한다. 그런데 이런 포털 사이트와 디지털 미디어 플랫폼은 가짜뉴스의 온상지가 됐다. 악의적으로 언론을 위장해 사실이 아닌 완전히 조작된 거짓 정보들이 유포되고 있는 것이다. 오보, 거짓 정보, 헛소문, 유언비어, 명예훼손 등의 방식으로 거짓을 사실인 것처럼 왜곡, 날조한다. 가짜뉴스에 휘둘리는 사람들은 유포된 내용의 진위를 판별하지 않고 그저 믿고 싶은 대로 받아들인다.

오늘날 우리는 홍수처럼 밀려드는 엄청난 양의 정보에

빠져 살고 있다. 이 중 가짜뉴스와 같은 잘못된 정보들은 주의를 분산시켜 우리를 혼란에 빠뜨린다. 수많은 정보 조각 가운데 중요한 것과 중요하지 않은 것의 차이를 식별하는 능력이 필요하다. 어떻게 해야 어마어마한 양의 정보를 제대로 분석해서 삶의 지혜로 흡수할 수 있을까. 우리는 진짜 정보와 가짜 정보를 어떻게 구별할 수 있을까.

눈에 보이는 것과 지성으로 알 수 있는 것

철학에서 인식론은 지식의 본질, 근거, 한계 그리고 지식 획득 방법 등에 대한 철학적인 이론을 말한다. 다시 말해 인식론이란 지식, 즉 앎에 대한 학문이다. 인식론으로 번역되는 영어 'epistemology'는 지식을 뜻하는 그리스어 '에피스테메(epistēmē)'와 이성, 학문, 이론을 뜻하는 '로고스(logos)'의 합성어다. 서양 철학에서 인식론을 체계화한 철학자는 바로 플라톤이다.

"지식이란 무엇인가?"

"우리는 앎과 무지를 어떻게 구분하는가?"

"우리는 얼마나 많은 것을 알 수 있는가?"

"우리는 지식을 어떻게 얻을 수 있는가?"

플라톤은 이러한 질문에 대해 『국가』 6권에서 인간의 정신이 무지의 상태에서 지식으로 나아가는 앎의 단계를 '선분의 비유'를 들어 자세하게 구분한다.

이제 동일하지 않은 두 부분으로 분리된 하나의 선분을 취하고, 각각의 부분을 하나는 가시적 부분, 다른 하나는 지성에 의해 알 수 있는 부분이라고 가정하고 다시 같은 비율로 나누어주게.

『국가』 509d

플라톤은 하나의 선분(線分)을 눈에 보이는 가시적 부분과 지성에 의해 알 수 있는 부분으로 나누어보라고 말한다. 선분의 아랫부분(가시계)에 세속적인 의견인 '속견(doxa)'을, 선분의 윗부분(가지계)에 '지식(epistēmē)'을 대응시킨다. 그리고 이 두 부분을 다시 같은 비율로 나눈다.

이렇게 네 부분으로 나뉜 선분에 네 가지 지적인 상태를 대응시킨다. 즉 가장 높은 부분에는 '지성'을, 두 번째 부분에는 '추론적 사고'를, 세 번째 부분에는 '신념'을, 마지막 부분에는 '상상'을 대응시킨다. 이렇게 플라톤은 인간의 지식 수

		사유 양식	대상
가지계	지식	지성	형상들
		추론적 사고	수학적 대상
가시계	속견	신념	세계의 실제 대상들
		상상	허상, 그림자

준, 즉 참된 지식을 발견하는 과정을 네 가지 발전 단계로 설명했다. 선분의 비유는 각각의 정신 상태가 얼마만큼 진리에 관여하느냐에 따라, 명확성과 불명확성에 비례해서 배열한다. 다시 말해 가장 낮은 부분에서 가장 높은 부분으로 발전하면서 선분의 지점마다 어느 정도의 지식이 존재하는가를 나타낸다.

완전한 앎으로 향하는 지식의 네 가지 단계

플라톤은 앞서 살펴본 동굴의 비유에서도 세계를 가지

계와 가시계로 구분했다. 동굴의 비유에서 죄수가 어두운 동굴 안 벽에 비친 그림자의 세계에서 동굴 밖 밝은 빛의 세계로 올라가는 것이 인간 정신의 계몽을 의미했다. 마찬가지로 우리는 플라톤이 선분의 비유에서 설명한 각각의 사유 양식과 동굴의 비유에서 제시한 대상을 연결시킨다는 점에 주목할 필요가 있다. 즉 선분의 비유에 나온 각 단계의 사유 양식과 동굴의 비유에 나온 대상 사이에 하나의 평행선을 그을 수 있다.

첫 번째 단계 : 상상

그리스어로 '에이카시아(eikasia)'라 읽는 첫 번째 단계는 정신의 가장 낮은 수준의 인식능력으로 상상, 추측이다. 이 단계는 선분의 가장 낮은 수준으로 명확성이 거의 없는 불확실한 상태다. 따라서 상상은 실재하지 않는 허상, 그림자, 물이나 거울에 비친 영상을 대상으로 한다.

그런데 플라톤은 상상을 왜 가장 낮은 인식의 형태로 만들었을까? 오직 동굴 벽에 비친 그림자를 실물이라 믿었던 죄수에게서 그 이유를 찾을 수 있다. 동굴 속의 죄수들처럼 우리의 정신 활동이 상상 상태에 있다면, 인식한 것이 그림자나 꿈이나 영상처럼 허상이라는 사실을 알지 못하기 때문이다. 각종 커뮤니티에서 보여주는 뉴스는 언제나 사실일 수도, 사실이 아닐 수도 있다. 아무리 명백한 사실처럼 보여도 누군가의 관점을 담은 결과물이기 때문이다.

그래서 플라톤은 예술가와 시인에 의해 만들어진 작품을 허상의 표현이라고 말한다. 왜냐하면 화가가 그린 그림은 이데아의 세계를 모방한 사물을 다시 모방한 것에 불과하기 때문이다. 결국 플라톤에게 예술이란 이데아를 모방한 이미지의 이미지를 만드는 것에 불과하다. 플라톤은 예술은 사람들에게 환상적 관념들을 자극해 냉철한 이성을 잃게 하므로 이상 국가에서 예술가를 추방해야 한다고 주장했다.

두 번째 단계 : 신념

그리스어로 '피스티스(pistis)'라고 부르는 신념은 상상의 다음 단계다. 신념은 세계의 실제 대상을 봄으로써 생기는 정신의 상태다. 사물을 직접 보고 만질 수 있는 이 단계는 타인의 해석을 통해 인식하는 상상 단계보다 명확성이 더 높다. 그럼에도 절대적인 확실성은 아니다. 예를 들어 우리가 바라보는 태양은 상황에 따라 하얀색으로도 보일 수 있고 붉은색으로도 보일 수 있기에 태양의 빛깔에 대한 우리의 믿음에는 의문의 여지가 남는다.

세 번째 단계 : 추론적 사고

그리스어로 '디아노이아(dianoia)'라 부르는 추론적 사고는 기하학처럼 가설로부터 결론을 이끌어내는 수학적 대상에 관한 지식이다.

네 번째 단계 : 지성

그리스어로 '노에시스(noēsis)'는 가장 높은 인식능력의 단계를 의미한다. 감각적 대상으로부터 완전히 벗어나 직접적으로 실재하는 이데아들, 즉 형상들을 인식한다.

불확실한 시대에 허위 정보에 속지 마라

오늘날 우리는 플라톤이 말한 인식의 최저 단계인 상상의 상태에 놓일 때가 많다. 거짓 뉴스, 허위 정보를 분별하지 못하고 쉽게 믿는 것이다.

플라톤은 아테네의 법률에 따라 사형 선고를 받고 억울하게 죽음을 맞이한 스승 소크라테스의 죽음을 목격했다. 그리고 『국가』에서 불확실한 정의의 개념에서 비롯된 배심원 등 법률가들의 왜곡된 법률 해석을 지적했다. 우매한 상상의 단계에 빠져 있던 사람들에게 경각심을 불러일으키고 싶었던 것은 아닐까.

당시 아테네의 민주정치에서 꼭 필요했던 것은 민주의회나 법정에서 대중을 설득할 목적으로 하는 웅변술과 수사학이었다. 그래서 정계 진출을 꿈꾸는 시민들에게는 언어의 기술적인 측면을 강조한 소피스트들의 인기가 매우 높았다. 소크라테스와 플라톤이 소피스트들을 궤변론자라고 비난했던 이유가 바로 여기에 있다. 플라톤의 대화술은 확실한 앎에 도달하게 하지만 소피스트들의 수사술은 피상적인 경험이나 기교를 가르치므로 단순한 의견에 불과하다는 것이다.

우리는 타인의 판단을 받아들일 때 의심 없이 쉽게 받아들일 때가 많다. 상대방의 말과 행동을 철저히 의심하기란 얼마나 어려운 일인가! 위험성에 대해 아무리 경고해도 투자금의 10배 이상을 벌어서 돌려준다며 사람들을 현혹시키는 주식투자 리딩방, 코인 투자, 다단계 등으로 사기당하는 피해자가 사라지지 않는 이유일 것이다.

반대로 타인의 판단이 확실하고 진실에 가까운 경우임에도 그것을 왜곡시키지 않고 받아들이기란 또 얼마나 어려운 일인가! 인간의 뇌는 믿고 싶은 대로 믿게 만들어져 있어서 현실을 객관적으로 판단하기 쉽지 않다.

이렇게 모호하고 불확실한 상황에서는 차라리 아무런 말도, 아무런 생각도, 아무런 행동도 하지 않는 편이 더 나을지도 모른다. 성급하게 상대방이 이끄는 대로 이끌려 가거나 아니면 반대의 방향으로 나아간다면, 결국 편견이나 선입견에 빠진 자기 자신을 발견하게 될 것이다.

우리는 진리를 추구한다. 그러나 우리가 볼 수 있는 건 불확실한 것들뿐이다. 마치 행복을 추구하지만 불행만이 발견되는 것처럼 말이다. 그럼에도 우리는 불확실한 세계에서 진리와 행복이라는 단어를 찾아야 한다. 그 자체로는 불명료하고 불확실한 사실인데도 깊이 있게 검토하는 것을 게을리하는 사람이 많다. 타인의 의견이나 정보를 쉽게 믿어버리는 것은 단순함에서 그 이유를 찾을 수 있다.

트로이 전쟁에서 목마를 만들어 승리로 이끈 그리스 신화 영웅 오디세우스를 기억하는가? 그는 모험을 마치고 뱃길로 집으로 돌아가던 중 세이렌 섬을 지났다. 세이렌은 바다의 요정으로, 세이렌의 매혹적인 노래를 들은 선원들은 바닷속으로 뛰어들어 목숨을 잃는다. 오디세우스는 선원들에게 그들의 귀를 밀랍으로 단단히 틀어막으라고 조언했다. 그리고 자신의 몸을 돛대에 묶으라고 명령했다. 세이렌의 노랫소리가 얼마나 매혹적인지 확인해 보고 싶었기 때문이다. 드디어 세이렌 섬을 지나자 원숙한 지혜와 영혼의 활기를 주겠다며 세이렌이 매력적인 목소리로 노래했다. 달콤한 세이렌의 노랫소리를 들은 오디세우스는 제발 풀어 달라며 몸부림을 쳤다. 하지만 부하들은 밧줄로 그를 더 단단히 묶었다.

오디세우스가 세이렌의 유혹을 뿌리칠 수 있었던 이유는 자신의 몸을 미리 돛대에 단단히 묶었기 때문이다. 우리도 마찬가지다. 거짓 정보에 휘둘리지 않으려면 비판의식으로 자신을 단단히 묶고 삶의 무게중심을 잘 잡는 것이 중요하다. 또한 견고하고 확실한 근거에 의해 이성적으로 판단하고 생각하는 습관이 필요하다.

선분의 비유에서 최고의 단계인 지성은 수많은 관점과 수많은 원리 위에서 바라보는 통찰력이다. 최고 지성의 소유자는 타인의 머릿속에서 생겨난 이유보다 자기 스스로 발견한 이유에 훨씬 잘 납득한다. 결국 우리의 훌륭한 이성적 사고는 지성의 세계로 귀착된다.

모호하고 불확실한 상황에서는

차라리 아무런 말도, 아무런 생각도,

아무런 행동도 하지 않는 편이 더 나을지도 모른다.

눈에 보이지 않는 세계를
바라보는 힘

지성

PLATO

'간소하게, 또 간소하게 살라'라는 조언으로 무소유의 삶을 일깨워 준 19세기 미국의 저명한 사상가가 있다. 바로 『월든』의 저자 헨리 데이비드 소로다. 그는 이 작품을 통해 인간이 의미 있는 삶을 살기 위해서 추구해야 할 세계가 물질이 아니라 보다 높은 차원에 있다는 사실을 말하고 있다.

그는 '과거를 뒤로하고 눈에 보이지 않는 경계를 넘어선다면 새롭고 보편적이고 보다 자유로운 법칙이 그의 주변과 내면에 확립되기 시작할 것'이라고 말한다. 그리하면 낡은 법칙이 확장되고 더욱 높은 질서를 따르는 삶을 허가받을 수 있다는 것이다.

소로가 말한 더 높은 법칙을 따르는 삶이란 어떤 것일까. 우리는 어떻게 해야 더 높은 법칙이 지배하는 세상으로 들어갈 허가증을 받을 수 있을까.

어떻게 진정한 앎에 도달할 것인가

우리는 앞서 플라톤의 동굴의 비유를 통해 진정한 실재의 세계가 있음을 모른 채 허상인 그림자만 좇는 죄수 이야기를 살펴봤다. 플라톤이 말한 동굴 밖의 세계는 존재하는 이데아의 세계로서 고차원적이다. 반면에 동굴 안의 세계는 현상의 세계로 가상 세계이며 저차원적이다. 세상을 이원론적으로 바라보는 플라톤에 따르면 우리가 추구해야 할 세계는 감각을 통해 보이는 이 세계가 아니라 지성으로만 인식할 수 있는 보이지 않는 세계다. 이렇듯 플라톤은 세계를 인식하는 방식으로 감각적 지각과 지성을 엄격히 구별한다.

우리는 또한 플라톤의 선분의 비유에서 가지계를 인식하는 가장 높은 방식인 지성에 대해 알아보았다. 결국 지성은 형상을 인식할 수 있는 영혼의 상태다.

그렇다면 지성이란 무엇일까? 또 어떻게 해야 이러한 지성을 얻을 수 있을까? 플라톤 철학의 궁극적 목표는 바로 '어떻게 진정한 앎에 도달할 것인가'이다. 왜냐하면 그는 지성을 갖추지 못한 상태에서 무엇인가를 안다는 것은 참된 지식이 아니라 단순한 의견을 갖는 것에 불과하다고 믿었기 때문이다. 참된 앎에 도달하려면 지성이란 개념이 무엇을 의미하는지 반드시 알아야 한다.

플라톤은 『국가』 6권에서 지성을 갖추지 못한 사람들을 실수하지 않고 길을 걸어가려는 눈먼 사람에 비유한다. 그리스어로 '누스(nous)'라 부르는 지성은 이데아를 인식하는 방식으로 '직관'을 의미한다. 직관이란 추론, 판단 등과 같은 이성적 사고의 과정을 거치지 않고 곧바로 대상을 직접적으로 인식하는 것으로, 순간적인 판단력, 이해력, 통찰력 등을 의미한다. 그렇다면 어떻게 지성을 얻을 수 있을까? 어떻게 하면 직관력을 키울 수 있을까?

첫째, 눈앞에 보이는 현상에 머물지 마라

플라톤은 직관력을 얻기 위해 가장 먼저 해야 할 일이 혼을 '전향'하는 것이라고 말한다. 우리는 앞서 '혼을 생성의 세계에서 실재의 세계로 전향'시킬 수 있는 방책 또는 기술이 교육임을 살펴봤다. 따라서 배움을 좋아하는 사람이라면 겉으로 보이는 것들에 머물지 않고 본성적으로 실재를 추구한다. 예를 들어 우리가 어떤 조직에서 알력이 일어나는 상황을 목격할 때도 누가 누구의 편인지 상황을 파악하는 데만 몰입하는 게 아니라 인간의 어떤 본성 때문에 그런 일이 일어나는지, 앞으로 어떤 새로운 변화가 일어날지 깊이 고민해 보는 것이다.

지성은 과거에 자기 스스로 부여한 한계 상황을 넘어 무한한 잠재적 영역으로 나아가기 위한 도구다. 직관력은 눈에 보이는 세계가 아닌 눈에 보이지 않는 세계를, 유한한 세계가 아닌 무한의 세계를 바라보는 힘이다. 따라서 직관력을 발휘하려면 보이지 않는 세계를 향해 솔직하고 열린 태도를 유지하는 것이 중요하다. 그래야 눈앞의 현상에 매몰되지 않고 멀리 내다볼 수 있다.

둘째, 지성의 노예가 되어라

플라톤은 진리를 추구하는 사람이 되기 위해서는 무엇보다도 지성을 지녀야 하고, 그것을 얻기 위해 노예처럼 수고해야 한다고 말한다. 그래서 그는 혼의 이성적 부분으로 이데아를 포착할 때까지 애정을 갖고 꾸준히 나아가라고 말한다. 결국 직관력을 키우는 데는 결과보다 과정이, 그리고 과정에서 얻어지는 경험들이 더욱 중요하다.

앞서 말한 사례로 예를 들어 보자면, 조직 내 알력이 일어난 상황에 대해 스스로 질문하고 답을 고찰하다 보면 사고가 확장된다. 인간 사회의 본질에 대한 통찰력을 가질 수도 있고 그동안 내가 미처 알아차리지 못했던 내 안의 본성을 마주할 수도 있다. 인맥이나 승진보다 중요한 내 삶의 새로운 목표를 발견할 수도 있다.

플라톤은 이러한 완성된 통찰을 선분의 비유에서 최고 단계인 지성이라고 말한다. 지성은 더 높은 차원의 세계를 드러내는 과정이며 내적 성장을 이끄는 확실한 통로다.

셋째, 대체 그것이 무엇을 의미하는지 질문하라

플라톤은 앞으로 일어날 일이 불 보듯 뻔하면 지성의 도움이 필요 없다고 한다. 반면에 아무리 봐도 이것인지 저것인지 명확하지 않을 때, 지성의 도움을 청하게 된다는 것이다.

예를 들어 회사에서 벌어지는 어떤 상황이 나에게 유리하기도 하고 불리하기도 한 것으로 지각되면, 혼은 유리하고 불리한 게 과연 무엇을 의미하는지 혼란에 빠진다. 이때 혼은 우선 이성과 지성의 도움을 청하면서 정반대되는 애매모호한 상황을 충분히 고찰한다. 근본적으로 나에게 도움이 될 선택을 하도록 이끈다는 것이다.

지성에 도움을 청한다는 말은 어떤 의미일까? 앞서 살펴봤던 소크라테스의 문답법과 관련이 있다. 지성에 도움을 청하는 방법이란 그것의 본질이 무엇인지 묻는 것이다. 대체 그것이 무엇을 의미하는지 스스로 질문할 때 직관력이 작동한다. 플라톤은 『국가』에서 '문답법적 방법만이 그야말로 야만의 진흙 속에 묻혀 있던 혼의 눈을 조용히 이끌어 위쪽으로 인도한다'라고 말한다. 직관력을 훈련하려면 자신에게 좀 더 광범위하게, 또는 좀 더 세부적으로, 아니면 완전히 다른 방향으로 관점을 전환하거나 해체할 필요가 있는지를 계속해서 자문해야 한다.

플라톤은 『국가』 7권에서 문답법으로 이데아의 영역에 도달할 수 있다며 다음과 같이 말한다.

마찬가지로 어떤 사람이 문답법을 통해 전혀 감각의 도움 없이 오로지 이성으로 각각의 것 자체를 향해 나아가려고 할 때, 그리고 지적인 활동으로 좋은 것 자체를 직접 인식할 때까지

물러서지 않는다면, 마침내 그는 지성으로 알 수 있는 세계의 끝에 도달할 수 있게 된다네. 마치 동굴 밖으로 나간 죄수가 눈에 보이는 세계의 끝에 이를 때처럼 말일세.

『국가』 7권 532a~b

직관력을 최대로 끌어올릴 수 있는 방식으로 브레인스토밍이 있다. 브레인스토밍은 1930년대 알렉스 오스번이 최초로 제시한 개념으로 많은 기업에서 창의적인 아이디어를 창출하기 위해 사용하고 있다. 창조적인 생각을 쏟아내기 위해 어떤 틀이나 형식에 구애받지 않고 계속해서 질문을 던질 때 번쩍이는 직관이 작동한다.

이렇게 다양한 생각과 의견을 제시한다면 직관력은 우리를 더 충만한, 더 무한한 가능성의 세계로 이끌어줄 것이다. 비록 오랫동안 아무 성과도 못 내는 듯 보이지만, 본질적인 질문을 던지다 보면 문득 섬광처럼 머릿속을 스치거나 우리의 영혼을 가득 채울 깨달음의 순간이 찾아올 것이다. 오랫동안 해결되지 않는 문제를 끌어안고 계속 고민하던 끝에 꿈에서 갑자기 문제의 해답을 찾는 경우도 이에 해당한다.

직관적 통찰은 잠시 멈춘 사이에, 다시 말해 여러 고민에 떠밀리는 그런 순간에도 판단을 보류할 때 솟아 나올 수 있다. 왜냐하면 이렇게 할 때 기존의 틀에서 벗어나 지성은 새로운 방법 또는 더 진실한 답을 찾기 시작하기 때문이다.

넷째, 마음의 눈을 정화하라

플라톤은 『국가』에서 직관력을 얻기 위해 자신의 영혼 안에 있는 어떤 기관이 정화되어야 한다고 말한다. 여기서 어떤 기관이란 '마음의 눈'을 의미한다. 플라톤은 마음의 눈이 정화되어 다시 불꽃이 타오른다면 진리를 볼 수 있기 때문에, 1만 개의 육안보다 더 보존할 가치가 있다고 말한다. 직관은 끌림이거나 거부감과 같은 본능이기 때문에 순수하게 열려 있을 때만 솟아난다.

변하지 않는 가치를 따르는 삶

헨리 데이비드 소로는 『월든』에서 다음과 같이 말한다.

"더 높은 차원에서 관대한 삶을 사는 사람이라면 누구도 낮은 차원에서 손해를 보지 않는다. 남아돌아 쓸데없는 부는 단지 불필요한 것들을 사는 데 쓰일 뿐이다. 영혼에 필요한 것을 사는 데 돈은 필요 없다."

인간의 이기심으로 물질에만 너무 집착한 나머지 진리와 자유를 소중히 생각하는 정신적, 영적 세계가 무시되고 있다. 오히려 물질만능주의가 최우선인 삶에 한계와 절망을 느끼고, 운명의 여신에게 무자비하게 휘둘릴 때, 바로 지금 현대인에게 필요한 것은 무엇보다 근원적인 세계로 눈을 돌리는 일이다.

사실 최고의 진리와 가치를 인식하기란 힘들다. 플라톤이 말한 지성이란 누구에게나 처음부터 주어진 것이 아니라, 부단히 정신적으로 노력해야만 비로소 우리의 혼이 얻을 수 있는 것이다. 이데아는 눈으로 볼 수도, 손으로 만질 수도, 말로 설명할 수도 없지만, 플라톤에 따르면 그것은 가장 높은 곳에 존재하는 실재다.

우리가 이러한 이데아의 세계를 쉽게 인식하지 못하는 이유는 아마도 감각이 아닌 지성, 즉 직관이라는 인식 방식을 사용할 줄 모르기 때문이 아닐까? 또한 눈에 보이는 세계 안에 살고 있는 우리는 이 세계가 전부인 것처럼 착각한다. 오히려 눈에 보이지 않는 세계가 존재하기는 하느냐고 쉽게 의심하고 반문한다.

헨리 데이비드 소로는 월든 호숫가에 손수 오두막을 짓

고 2년 2개월 2일을 살았다. 그가 그곳에서 발견한 '더 높은 질서를 따르는 삶'이란 지성을 갖추고 온전한 자기 내면과의 만남을 추구하는 삶일 것이다. 우리가 내면에 더 좋은 삶을 살아갈 만한 훌륭한 씨앗을 품고 있다면, 마침내 자신에게 어울릴 만한 삶의 목적을 발견하게 될 것이다.

우리는 생각하는 방식과 태도에 항상 진화를 겪어야 한다. 과거와는 다른 눈으로 보고, 다른 귀로 듣고, 다른 육감으로 느껴야 한다.

끊임없이 내면을 바라보고 내면에서 울려오는 목소리에 귀 기울일 때, 지성은 우리가 나아가야 할 길과 방향을 찾게 해줄 것이다. 직관은 거대한 부를 거머쥐거나 경제적 이득을 취하는 것보다 우리의 영혼이 무엇을 할 때 가장 행복해하는지를 깨닫게 해줄 것이다.

눈에 보이는 세계 안에 살고 있는 우리는

이 세계가 전부인 것처럼 착각한다.

고통스러운 현실 그 이상을 보는 눈은

처음부터 주어지지 않는다.

PLATO 3장

Eudaimonia

어떻게 더
행복한 삶을 살 것인가

진짜 행복은 누구도
빼앗지 못한다

태양의 비유

PLATO

최근 MZ세대에서 '카페인 우울증'이라는 신조어가 등장했다. 커피나 녹차와 같은 과도한 카페인 섭취로 생긴 부작용이 아니다. 다른 사람이 SNS에 올린 행복한 모습을 보며 우울감을 느끼는 것이다. '카페인'은 카카오 스토리, 페이스북, 인스타그램의 앞 글자를 따서 만든 단어로, 명품, 외제차, 호캉스, 최고급 식당의 음식 등 SNS에 전시된 화려한 일상을 보며 상대적 박탈감을 느끼는 사람이 많아지고 있다.

우리는 행복함을 과시하면서 가짜행복을 추구하고 있는 것은 아닐까? 남들보다 내가 더 행복해야 한다는 생각에 즐거운 척 연기를 하는 것은 아닐까? 이루기 어려운 참된 행복

은 포기하고, 자신의 재력이나 우월감을 과시하며 가짜행복
에 스스로 만족해하는 것은 아닐까?

소수만 살아남는 무한 경쟁의 분위기가 강해지며 미래가
불확실해지자 현재의 행복을 중요하게 여기며 살자는 욜로
족도 등장했다. 또 작지만 확실한 행복을 의미하는 '소확행',
편안하고 기분 좋은 상태를 뜻하는 '휘게', 최고가 아닌 최적
의 만족을 추구하는 '라곰', 일과 삶의 균형을 뜻하는 '워라
밸', 명상과 같은 정신적 훈련을 의미하는 '마음챙김' 등 행복
과 관련된 유행어가 널리 사용된다. 행복이 우리가 추구하는
목표이자 일상이 되었음은 틀림없다. 모두가 행복을 바라고,
모두가 행복을 말한다.

좋은 삶을 위한 세 가지 요건

누구나 행복한 것처럼 보이지만 실제 우리 삶은 팍팍하
다. 삶을 참된 행복으로 채우려면 어떻게 해야 할까? 도대체
참된 행복이란 무엇일까? 플라톤은 『국가』에서 '모든 영혼은
'좋음'을 추구한다'라고 말한다. 여기서 플라톤이 말한 좋음
이란 행복을 의미한다. 그리고 좋은 것 자체, 즉 '좋음(善)의

이데아'를 태양에 비유한다.

> **그렇다면 자네는 인식되는 대상에게는 진리를 부여하고, 인식**
> **하는 자에게는 그 인식 능력을 부여하는 것을 좋음(善)의 이데**
> **아라고 선언해도 좋네.**
>
> 『국가』6권 508e

좋음의 이데아는 자신을 닮은 태양을 낳았다. 즉 태양은 좋음의 이데아의 자식이다. 가시적 영역에서 우리가 태양의 빛에 의해서 사물을 볼 수 있는 것과 마찬가지로 지성에 의해 알 수 있는 영역에서 좋음의 이데아는 모든 존재를 인식하는 궁극적 근거가 된다. 좋음의 이데아는 인식되는 것에 진리를 부여하고 인식하는 자에게 그 인식능력을 부여한다.

또 플라톤은『필레보스』에서 우리의 구체적인 삶 속에서 "도대체 무엇이 좋은 것인가"라는 문제를 다룬다. 어떤 삶이 좋은 삶인가? 어떻게 해야 좋은 삶을 살 수 있을까? 어떻게 해야 행복한 삶을 살 수 있을까?

플라톤은『필레보스』에서 소크라테스의 입을 통해 다음과 같은 질문을 한다. 그러면 이러한 질문에 대한 대답을 통해 좋은 삶이 무엇인지 알게 된다고 한다.

"좋음은 필연적으로 완전한가, 완전하지 못한가?"

"좋음은 충족적인가?"

"좋음은 우리가 택함 직한 또는 바람직한 것인가?"

플라톤이 말한 질문들을 각각 한 단어로 요약하면 '완전함', '충족함' 그리고 '택함 직함'이다. 이것이 바로 좋은 삶을 위한 세 가지 요건이다. 이는 우리가 얻은 행복이 참된 행복인지 거짓 행복인지를 구별할 수 있는 기준이기도 하다.

즐거운 삶 vs. 지적인 삶

플라톤에 따르면 우리가 추구해야 할 좋은 삶이란 진정으로 행복한 삶을 말한다. 그런데 사실 우리는 자신이 추구하는 삶이 진정으로 온전한 삶인지, 자신의 영혼을 만족시켜 주는 삶인지, 바람직한 삶인지 잘 모른다. 그래서 무엇을 해야 행복할 수 있는지 정확한 기준을 세우기 힘들어한다. 이제 남은 삶을 단순히 즐기면서 살면 되지 않을까? 아니면 세상을 이해하고 자신의 재능이나 능력을 계발하기 위해 무언가를 더 배워야만 할까?

플라톤은 『필레보스』에서 인간의 삶을 행복하게 해줄 수 있는 혼의 자세 또는 상태를 제시한다. 『필레보스』에서 소피스트 고르기아스의 제자 프로타르코스는 '좋음이란 즐기는 것, 즐거움, 기쁨'이라고 주장한다. 반면에 소크라테스는 '좋음이란 지혜로운 것, 지성적인 것, 기억하는 것, 올바른 의견과 참된 추론'이라고 주장한다. 그는 즐거움보다 지성·지식·이해력·기술과 같은 것이 삶을 더 좋게 만들어준다고 주장한다. 그렇다면 즐겁기만 한 삶과 지성적이기만 한 삶 가운데 어떤 삶이 더 좋은 삶일까?

먼저 플라톤은 지성, 기억, 참된 의견 없이 평생토록 최대의 즐거움을 느끼며 사는 삶이 우리에게 바람직한 삶인지 물어본다. 그리고 세 가지 이유를 들어 오로지 즐거움만 느끼는 삶은 인간의 삶이 아니라 일종의 해파리나 조개류의 삶에 불과하다고 말한다. 첫째, 지성이라는 게 전혀 없다면 자신이 즐기고 있는지 아닌지도 모를 수밖에 없다. 둘째, 기억이 없다면 전에 즐거웠던 일을 기억하지 못한다. 셋째, 참된 의견이 없다면 즐겁다고 느끼면서도 즐겁다고 판단하지 못한다.

그렇다면 지성적이기만 한 삶은 좋을까? 지혜, 지성, 지식, 완전한 기억은 갖고 있지만 즐거움도 괴로움도 전혀 느끼지 못하고 무감각한 삶을 산다면 좋은 삶이라고 할 수 있을까? 플라톤은 즐거움도 괴로움도 없는 삶은 신들에게나 가능한 삶이라고 생각한다.

　즐거움만을 추구하는 것은 하찮은 인간 이하이므로 좋은 삶이 아니다. 지성만을 추구하는 것 역시 인간이 아닌 신적인 삶이므로 좋은 삶이 아니다. 즐겁기만 한 삶과 지성적이기만 한 삶은 완전하고 충족적이고 바람직한 삶이 아니라는 것이다. 그렇다면 인간에게 좋은 삶이란 어떤 것일까? 플라톤은 즐거움과 지성을 모두 겸비한 '혼합된 삶' 또는 '결합된 삶'이라고 말하면서 이를 '두 개의 샘'에 비유한다.

　포도주를 따르는 사람들처럼 서 있는 우리 곁에는 두 개의 샘이 있네. 어떤 사람은 그중 즐거움의 샘을 꿀의 샘에 비유하고, 지혜의 샘을 포도주가 섞이지 않아 건강에 좋은 물의 샘에 비유할지도 모르겠네. 우리는 이것들을 될 수 있으면 훌륭하게 혼합하기 위해 힘써야 하네.

『필레보스』 61c

　즐거움과 지성을 모두 겸비한 삶이란 어떤 것일까? 플라톤에 따르면 훌륭하게 혼합된 삶이란 즐거움과 지성이 반반씩 혼합된 삶이 아니라 지성에 가까운 삶을 말한다. 예를 들어 영화를 볼 때도 스토리 자체에 몰입하며 즐거움을 느끼는 데서 나아가 그 작품 배경과 작품이 주는 인생의 깊은 의미와 통찰을 탐구하면서 감상하는 것이다. 순간의 즐거움보다는 깨달음이 더 많은 삶을 추구할 때, 그러한 삶의 순간들이 하나하나 쌓일 때 훌륭하게 혼합된 삶이 되지 않을까.

운명에 흔들리는 삶은 불행하다

고대 로마 제국의 마지막 철학자이자 정치가였던 보에티우스는 플라톤의 대화편들을 철저히 탐독하며 당시 로마 지식인들에게 플라톤의 사상을 알리고자 했다. 『철학의 위안』은 보에티우스가 억울한 누명을 쓰고 먼 곳으로 유배되어 처형당할 날을 기다리는 동안 쓴 책으로, 보에티우스가 감옥에 갇힌 처지를 한탄할 때 철학의 여신이라는 영적인 존재가 찾아오는 장면으로 시작한다. 여기 등장하는 철학의 여신은 플라톤 철학의 대변자라고 볼 수 있다. 철학의 원리와 가르침이 영원불변한 것처럼, 이 여신의 옷은 절대로 썩지 않는 아주 가는 실로 섬세하고 정교하게 통으로 짜여 있다.

오랜 세월이 흘러 빛바래듯 퇴색한 그 여신의 옷에는 그림이 새겨져 있다. 아래쪽에는 그리스어로 '실천'을 뜻하는

'프락시스'의 머리글자인 '파이(π)'가, 위쪽에는 '이론'을 뜻하는 '테오리아'의 머리글자인 '세타(θ)'가, 그리고 그 중간에는 사다리꼴 모양의 계단들이 그려져 있었다. 여신의 오른손에는 철학자들이 쓴 책들이 들려 있고, 왼손에는 권위를 상징하는 홀이 들려 있는데 이것은 철학이 모든 학문의 왕이라는 것을 의미했다.

보에티우스는 그 여신이 자신을 어릴 때부터 오랜 세월 동안 키워준 보모인 '철학'이라는 것을 즉시 알아본다. 억울한 누명을 쓰고 모든 것을 잃어버린 보에티우스가 눈물을 흘리며 그녀에게 한탄한다. 그러자 철학의 여신은 자신이 의사가 되어 그의 곁을 지키며 그를 병을 치료해 줄 것을 약속한다. 그녀는 보에티우스가 걸린 병의 원인과 그 병을 어떻게 치유할 수 있는지를 알려준다.

병의 원인은 자신이 어떤 존재였는지 까맣게 잊고 있었다는 것이었다. 그러나 보에티우스는 예전에 운명의 여신이 그에게 준 권력과 부를 잃어버렸다는 사실에만 집착했다. 그가 큰 고통을 느끼는 이유는 이전에 자신이 행복했다는 사실을 알기 때문이다. 그는 그것을 행복이라 여기며 이제는 운명의 여신이 자신을 완전히 버렸다면서 슬퍼하고 불평했다.

철학의 여신은 운명의 여신이란 어떤 존재이고 어떤 식

으로 사람들에게 행동하는지를 보에티우스에게 알려준다. 변덕스러운 운명의 여신은 갖고 놀 만한 인간을 골라 처음에는 미소를 지으며 다가와 거짓 행복을 선사한 후, 그에게서 행복의 탈을 벗겨 슬픔과 비탄의 시간에 빠지게 한다. 인간들이 운명의 여신이 선사한 온갖 좋은 것에 안심하고 지내면서 자신들의 몰락을 꿈에도 생각하지 못할 때, 그녀는 갑자기 그들에게서 등을 돌리고 떠나버림으로써 인간으로서 감내하기 힘든 고통을 안겨준다.

운명의 여신은 제멋대로 왔다가 제멋대로 가버리는 존재다. 그녀는 잠시만 머물며 떠날 때는 불행을 남긴다. 또한 붙잡아 두고 싶어도 그럴 수 없다. 따라서 철학의 여신은 보에티우스에게 그런 그녀를 소중하게 여기지 말라고 말한다. 운명의 여신이 정해준 운명에 만족할 수 있는 사람은 아무도 없다.

참된 행복은 어디에서 시작되는가

철학의 여신은 보에티우스에게 참된 행복이란 무엇인지 알려준다. 언젠가는 죽을 수밖에 없는 존재인 인간이 가장 바라는 행복은 바로 우리 안에 있다는 것이다. 그럼에도 어찌하여 밖에서 행복을 찾는 것이냐고 반문한다. 부와 권력과 존경과 명성과 쾌락을 통해서는 참된 기쁨을 누릴 수 없다. 운명의 여신이 가져다주는 일시적인 행복은 언제 또 빼앗길지 모르기 때문에 가짜행복이라는 것이다. 철학의 여신은 이제 거짓 행복에서 눈을 돌려 참된 행복을 향하라고 말한다. 참된 행복은 운명의 여신이 좌지우지하는 물질적인 것, 권력, 명성 그리고 육신의 쾌락이 아니라 자기 자신의 마음을 잘 다스리는 데 있다.

타인의 시선을 의식해 행복한 것처럼 꾸며진 행복은 진짜 행복이 아니다. 돈, 건강, 아름다움, 좋은 가문, 권력, 명예와 같이 외적인 좋은 것을 모두 갖춘다고 해서 행복해진다는 법은 없다. 남부럽지 않은 백만장자가 된다고 해도, 현재에 만족하지 못하고 돈에 더 집착하게 될지도 모른다. 그래서 쇼펜하우어는 "부는 바닷물과 같아서 마시면 마실수록 목이 마르다"라고 말했다. 거짓 행복은 일시적인 즐거움과 쾌락을 선사하지만, 완전한 행복이 아니므로 또다시 결핍으로 인해 생기는 고통을 수반한다. 따라서 거짓 행복은 완전한 만족감을 주지 못하기에 바람직하지 않다.

그렇다면 어떻게 해야 거짓 행복이 아닌 참된 행복으로

채울 수 있을까? 내 안에 거짓 행복의 나무가 자라고 있을지도 모른다는 사실을 깨닫는 것이 중요하다. 거짓 위에 세워진 행복이란 정원은 모래 위에 세워진 성처럼 결국 무너져 내릴 수밖에 없다. 공허함이라는 감정을 숨기기 위한 순간적인 즐거움으로 채워져 있기 때문이다. 참된 행복은 운명적으로 나타났다가 사라지는 것이 아니라 자신의 마음 상태에 있다. 진정한 행복은 영혼의 안정과 만족에 있다.

중요한 것은
사는 것이 아니라 잘 사는 것이다

로고스

PLATO

플라톤의 작품 중에서 소크라테스의 최후 모습을 담은
대화편에는 『소크라테스의 변론』, 『에우튀프론』, 『파이돈』 그
리고 『크리톤』, 이렇게 4부작이 있다. 그중 『크리톤』은 소크
라테스와 크리톤이 단둘이서 나누는 이야기로 이뤄져 있다.
자크 루이 다비드의 작품 「소크라테스의 죽음」에서 사형 선
고를 받은 소크라테스가 독배를 마시기 직전 그의 무릎을 움
켜쥐고 탈옥을 권유하는 인물이 바로 크리톤이다.

크리톤은 소크라테스와 동갑이고 같은 부락에 사는 죽마
고우였다. 아테네의 위대한 철학자였지만 가난했던 소크라테
스와 달리 그는 아주 부자였다. 철학적 소질은 없었지만 항상

소크라테스를 믿고 따르며 물질적으로 든든히 후원했다.

『크리톤』은 어두운 새벽녘에 크리톤이 사형 집행을 앞둔 소크라테스가 감옥 안에서 달게 잠든 모습에 놀라워하는 장면으로 시작한다. 크리톤은 소크라테스에게 이렇게 불운한 처지에 직면해서도 힘들어하지 않고 침착하게 잘 견디어내고 있다고 칭찬한다. 그러면서 소크라테스에게 슬픈 소식 하나를 전달한다. 오늘 델로스에서 배가 도착할 예정이라는 것이다. 아테네는 해마다 델로스로 종교 행사를 위한 사절단을 배에 실려 보냈고, 사절단을 태운 배가 델로스에 갔다가 돌아올 때까지 공적으로 사형 집행을 금했다. 그런데 그 배가 오늘 도착한다면 소크라테스의 사형 집행은 더 이상 늦춰질 수 없었다.

크리톤은 소크라테스에게 배가 도착한 다음 날 죽게 될 테니, 지금이라도 탈옥할 것을 강력하게 권유한다. 다가올 밤이 탈옥을 시도할 수 있는 마지막 기회임을 알았기 때문이다. 크리톤은 소크라테스를 탈옥시키기 위한 돈, 정치적 망명을 위한 피난처 등 만반의 준비를 해놓는다. 하지만 소크라테스는 탈옥 대신 단잠을 선택한다. 결국 다음 날 사형이 집행되었고, 소크라테스는 목숨을 잃는다.

인생의 허무라는 병

소크라테스는 평생 자신의 고향인 아테네를 지극히 사랑했기에, 시장이나 광장에 나가 지나가는 젊은이들을 붙잡고 그들이 자신의 무지를 깨닫게 될 때까지 질문을 했다. 하지만 소크라테스에게 돌아온 것은 아테네 젊은이들을 타락시켰다는 억울한 누명뿐이었다. 결국 아테네 시민들에게 고발당해 사형 선고를 받고 죽음에 이르렀다. 소크라테스는 그렇게 살아온 칠십 평생이 허무하지 않았을까?

공허란 삶의 의미를 느끼지 못해 아무것도 없이 텅 빈 것 같은 심리적 상태를 의미한다. 허무, 인생무상 그리고 무의미 모두 공허와 유사한 말이다. 공허함은 외부적인 가치만 추구할 때, 인간관계의 단절로 외로움을 느낄 때, 실패나 이별, 상실을 겪을 때 등 다양한 원인과 맥락에서 발생할 수 있다. 하지만 무엇보다 가장 큰 원인은 삶의 목표나 목적을 잃어버린 데 있다.

인생의 의미나 목적을 상실한다면 누구나 공허함이라는 상태에 빠지게 된다. 채워지지 않은 내면의 빈구석을 메우기 위해 탐욕스럽게 음식을 먹거나, 술·마약·섹스·도박 등에 중독, 충동구매 등 도피적 오락에 빠진다. 심한 감정 기복과 지속되는 공허함은 우리를 정서적 불안, 심각한 우울증, 신경증에 빠뜨리거나 심하면 죽음에 이르게까지 한다.

그런데 놀랍게도 플라톤의 스승 소크라테스는 인생의 의미나 목적을 잃은 순간에도 허무에 빠지지 않았다. 심지어 아테네의 무능한 정치적 지도자로 인해 억울한 죽음을 앞둔 상황에서도 행복하게 단잠을 잔다. 이렇게 그럴 수 있었을까?

소크라테스는 『크리톤』에서 사람들이 뭐라고 말하든지, 타인의 의견이나 평가, 평판 등에 유념하지 말고 올바른 것과 올바르지 못한 것에 관한 전문가의 말에 주목하라고 말한다. 그리고 가장 중요한 것은 그저 사는 것이 아니라 잘 사는 것이라고 말한다. 여기서 잘 사는 것은 훌륭하게 사는 삶, 아름답고 올바른 삶, 행복한 삶을 의미한다.

눈으로 사물들을 직접 바라보고 각각의 감각기관으로 파악하려 하다가 완전히 내 영혼이 눈멀지 않을까 두려웠다네. 그래서 나는 로고스들에 의지하여 존재하는 사물들의 진리를 탐구해야 한다는 생각이 들었네.

『파이돈』 99e

소크라테스는 인생의 허무라는 병을 극복하는 방법으로

'로고스(logos)'라는 개념을 제시했다. 로고스란 원칙, 원리, 이성 등을 뜻한다. 소크라테스는 『크리톤』에서 언제나 자신에게 가장 좋은 것으로 판단되는 로고스 말고는 그 어떤 것도 따르지 않는다고 말한다. 훌륭하게 잘 살기 위해서는 인생의 원칙을 세우고 수많은 선택의 순간에 원칙을 따라야 한다는 것이다. 우리는 삶의 갈림길에 서서 종종 이러지도 저러지도 못할 때 당혹감과 무의미함을 느낀다. 이럴 때 로고스는 어떤 일을 할 것인지 하지 않을 것인지를 검토하는 기준이 되어준다.

로고스가 삶의 태도를 결정한다

우리에게는 올바른 행동과 그릇된 행동을 선택할 능력이 있다. 어떤 상황에서 어떤 태도를 취할지 선택하는 능력, 즉 로고스를 갖고 있는 것이다. 정확하게 로고스를 세우려면 다음과 같은 질문을 언제나 곰곰이 따져봐야 한다.

"나는 어떻게 행동해야 하는가?"

"나는 어떻게 살아야 하는가?"

"나는 어떻게 처신해야 하는가?"

소크라테스는 '탈옥할 것인가, 아니면 죽음을 받아들일 것인가'라는 피할 수 없는 문제에 직면했다. 그는 항상 그래 왔듯이 로고스에 따라 자신의 태도를 결정했다. 크리톤이 권 유한 탈옥을 받아들이지 않고 자신이 직면한 운명과 시련을 그대로 받아들인 것이다. 그는 그런 비참한 운명이 닥쳤다고 해서 로고스를 내던져 버릴 수 없기 때문이라고 말한다. 여기 서 소크라테스가 말한 로고스란 '훌륭하게 사는 것은 부끄럽 지 않게 사는 것이며 결코 정의롭지 못한 짓을 해서는 안 된 다는 것'을 의미한다.

우리는 소크라테스와 플라톤이 제시한 로고스 원리를 통 해 삶의 의미를 찾을 수 있다. 플라톤은 『파이돈』에서 "로고 스들에 의지하여 존재하는 사물들의 진리를 탐구해야 한다" 라고 말한다. 그렇다면 플라톤이 말한 "로고스들에 의지하 여"란 무엇일까?

우리는 앞서 소크라테스의 문답법이라는 진리를 탐구하 는 방법을 살펴봤다. 플라톤의 대화편에서 소크라테스는 상 대방에게 "그것은 무엇인가?"라고 끊임없이 질문을 한다. 그 는 "경건함이란 무엇인가?", "용기란 무엇인가?", "정의란 무 엇인가?"와 같이 "그것은 도대체 무엇인가?"라는 질문을 통 해 상대방이 그러한 것들의 '보편적 정의'를 확보하게 만든다. 결국 로고스들은 보편적으로 정의된 말들을 의미한다. 소크라테스의 문답법은 이러한 보편적 정의들을 확보하여 삶의 이치나 원칙을 찾으려는 방법이다.

플라톤이 말한 로고스는 '의미를 규정하는 형식'이다. 우리는 "그것은 ~이다"라는 의미 규정 형식을 통해 진리를 탐구할 수 있다. 이제 의미 규정 형식을 우리의 삶에 적용해 다음과 같이 질문해 보자.

"내 삶의 의미는 도대체 무엇인가?"

"내 삶의 유일한 의미는 무엇인가?"

우리는 지금까지 타인의 기대와 같은 외부적인 요인들에서 삶의 의미를 찾으려 부단히 노력했다. 자신이 진정으로 갈망하는 존재가 어떤 것인지 스스로 생각할 겨를도 없이, 다른 사람들이 가는 대로 따라가거나 다른 사람들이 원하는 모습 그대로 살아왔다. 그런 삶에서 얻을 수 있는 것은 가짜행복이라는 환상뿐이다. 삶이 무의미하다면 자신의 삶을 제대로 정의해 본 적이 없는 것이다. 이제 "나는 누구인가?"라는 물음에 스스로 답변해 보려고 노력해야 한다. 이것이 바로 '진정한 나'를 찾아가는 과정이다.

빅터 프랭클은 로고테라피 학파를 창시한 정신과 의사이자 심리학자다. 유대인이었던 그는 나치의 강제수용소에서 겪었던 체험을 바탕으로 『빅터 프랭클의 죽음의 수용소에서』라는 수기를 썼다. 우리는 이 작품을 통해 굶주림, 치욕감, 공포감 그리고 억압이라는 엄청난 시련 그 자체였던 강제수용소 생활을 간접적으로 체험할 수 있다.

빅터 프랭클은 역경과 시련의 생활 속에서 온몸으로 생사를 초월하는 깨달음을 얻었다. 그리고 수용소에서 체득한 실존적 지혜를 '로고테라피(Logotherapy)'라는 정신 요법으로 개발해 창시했다. 로고테라피는 그리스어 로고스(logos)와 '치료'를 뜻하는 테라피(therapy)의 합성어로 '의미 치료'라고 불린다. 여기서 로고스는 영혼, 논리, 정신, 우주 법칙, 신을 의미한다. 즉 로고스는 모든 것을 지배하는 '우주의 힘', '신의 이념'이다.

빅터 프랭클은 우리의 본래 모습은 궁극적으로 로고스라고 말한다. 그래서 중요한 것은 자신 속에 잠들어 있는 로고스의 힘을 자각하고, 이를 믿고, 거기에 자기를 맡기고 살아가는 것이라고 말한다. 그러면 로고스가 작용해 위대한 일을 할 수 있다는 것이다.

로고테라피는 자신의 내면에 잠든 그 힘을 믿고, 위대한 일을 성취할 수 있는 로고스를 불러일으킴으로써 고차원의 생명력과 의식 수준을 회복시키려는 정신의학적 기법이다.

나만의 원칙을 세워 삶의 의미를 찾으며 내면을 회복하는 것
이 핵심이다.

삶의 의미를 찾으려는 의지

고대 그리스 철학에서 로고스라는 개념이 처음으로 언급
된 것은 헤라클레이토스 철학이다. 헤라클레이토스는 로고
스를 '생성·변화하는 세계를 조종하는 보편적 불법의 법칙'
이라고 말한다. 낮이 밤이 되고 다시 밤은 낮으로 변화한다.
봄이 지나가고 여름이 오면 또 가을이 오고 겨울이 찾아오며
사계절은 영원히 돌고 돈다. 헤라클레이토스는 이처럼 모든
것이 로고스에 따라 생긴다고 말한다. 로고스는 만물을 지배
하는 최고의 원리다.

또한 스스로 자라게 하는 로고스는 영혼에 속한다. 다시
말해 인간의 영혼이 스스로 자랄 수 있게 만드는 것이 바로
로고스다. 그래서 헤라클레이토스는 "나는 나 자신을 탐구했
다"라고 말한다. 로고스에 귀를 기울인다면 자기 자신을 이
해할 수 있다는 것이다. 또한 영혼의 한계를 찾을 수 없기 때
문에 우리 자신을 현재의 상태에 머물게 하지 않고 계속 자

라게 할 수 있다. 그래서 헤라클레이토스는 로고스, 즉 영혼에는 깊이가 있다고 말한다. 나 자신을 탐구한다는 것은 삶의 의미를 깊이 있게 이해하는 것이다.

추운 겨울이 가고 따뜻한 봄은 어김없이 찾아온다. 봄이 찾아온 것을 기뻐하듯이 정원에 화려한 꽃들과 식물들이 다시 피어난다. 우리도 스스로 창조자가 되어, 우리 영혼 깊은 곳에 봄꽃으로 가득한 정원을 가꾼다면 진정한 삶의 의미를 발견할 수 있지 않을까? 나만의 유일한 삶의 의미는 그저 주어지는 것이 아니라, 발견되어야 하는 것이다. 우리 모두에게는 발견되어 실현되길 기다리는 인생의 의미가 있다. 다시 말해 행복해지려면, 행복해야 할 이유를 스스로 찾아야만 한다. 자기 스스로 삶의 의미를 찾으려는 의지가 필요한 것이다. 삶의 무의미로 인한 공허함은 행복할 이유를 찾을 때 채울 수 있다.

행복할 이유를 커다란 무엇인가에서 찾지 말자. 좋은 대학, 좋은 직장, 멋진 배우자와의 결혼, 내 집 마련 등 크고 불확실한 행복만 좇는다면 삶은 무의미해질 수밖에 없다. 오히려 일본의 소설가 무라카미 하루키가 에세이 『랑겔한스섬의 오후』에서 말한 것처럼 삶의 의미는 일상에서 느낄 수 있는 작지만 확실한 행복, 즉 '소확행'에서 찾을 수 있다.

소중한 사람을 사랑할 때, 아름다운 자연 풍경이나 예술 작품을 볼 때, 갓 구운 빵과 함께 갓 볶은 커피 한잔을 마실 때, 서랍 안에 반듯하게 접어 넣은 속옷이나 하얀 셔츠를 머리에서부터 뒤집어쓸 때, 꽃집에서 장미꽃 한 다발을 사서 품에 안고 행복한 미소를 지으며 사진을 찍을 때, 바닐라 향이 묻어 나오는 오래된 추억의 책장을 넘길 때, 봄비에 젖은 흙냄새를 맡을 때, 우리의 행복 호르몬 수치는 높아진다. 행복은 저 멀리에서 오는 것이 아니다. 이미 내 안에 잠들어 있을 뿐이다.

삶이 말을 걸어올 때, 어떤 대답을 할 것인지는 전적으로 나에게 달려 있다. 삶의 의미를 규정해 줄 로고스의 힘을 발휘해 보자. 공허함으로 인한 고통은 덜고 유일한 삶의 의미를 찾아 나설 용기를 줄 것이다. 행복에 다가가기 위한 도구로서 로고스가 지닌 회복의 힘을 믿자. 우리 안에는 정의 내릴 수 없는 불변의 무엇인가가 있다.

필요한 욕망과
불필요한 욕망을 구분하는 힘

욕
망

PLATO

인간의 감정은 세 가지 호르몬에 의해서 형성된다. 세로토닌, 노르아드레날린 그리고 도파민이다. 세로토닌은 우울증이나 무기력을 완화하고 행복한 감정을 느끼게 해주는 신경전달물질로 '행복 호르몬'이라고도 불린다. 노르아드레날린은 우리가 극도로 화가 날 때나 스트레스를 받을 때 활발히 분비되며 심장 박동 수와 혈압을 상승시킨다.

도파민은 인간의 본능, 감정, 의욕, 기억, 인지, 운동 조절 등 다방면에 관여한다. 그래서 도파민이 활발히 분비될 때 삶의 의욕과 성취감, 쾌락이라는 감정을 느껴 집중력이 높아지고 창조성을 발휘하게 된다. 반면에 도파민이 너무 과도하게 분비된다면 의존증, 즉 중독이라는 심각한 문제가 발생한다.

우리가 어떤 대상에 중독되는 가장 큰 이유는 바로 반복되는 자극에 신경이 적응하기 때문이다. 약물을 과다 사용하는 경우 내성이 생기듯이, 쾌락을 추구할 때마다 분비되었던 도파민이 어느 순간부터는 감소하게 된다. 결국 도파민 부족 상태를 경험한 뇌는 무엇인가 더 새롭고 강한 흥분과 쾌락을 찾게 된다. 도파민의 과다 분비는 뇌가 권태로움과 공허함을 느끼게 만들고, 또다시 중독 대상을 찾게 만든다. 즐거움 또는 쾌락이라는 보상을 기대하는 것이다. 이러한 악순환이 지속되는 것이 바로 의존증이다. 알코올, 마약, 도박 등의 중독에서 벗어나지 못하는 이유가 바로 여기에 있다.

도파민은 우리의 욕망을 지배한다. 양날의 칼과 같은 도파민을 제대로 다루려면 어떻게 욕망을 다스릴 것인가를 먼저 염두에 두어야 한다. 우리를 도파민 중독에서 벗어나 건강하고 평온하고 행복하게 해줄 묘약은 무엇일까?

국가 정체와 인간 영혼의 타락 과정

플라톤은 『국가』 8권에서 이상 국가가 몰락하는 네 가지 유형의 정체(政體, 국가권력의 운용형식에 따른 정부형태)와 그에 상응하는 인간의 네 가지 기질을 소개한다. 이를 통해 인간이 '만족할 줄 모르는 욕망' 때문에 어떻게 타락해 가는지 알 수 있다.

> **깨달음이라곤 없는 자들의 욕구들이 들어 있는 영혼의 이 부분은 무절제하고 채워지지 않는다는 점 때문에 마치 구멍 난 항아리와 같다고 비유한 거라네.**
>
> 『고르기아스』 493a~b

플라톤은 『국가』에서 '최선의 수호자'란 시가(詩歌) 교육과 결합된 이성을 갖춘 사람이라고 말한다. 오늘날로 말하면 어릴 적부터 인문교육을 받아 풍부한 감수성과 냉철한 이성적 사고를 겸비한 사람을 말한다. 이러한 사람만이 일생을 통해서 훌륭함, 즉 미덕을 보존할 수 있다는 것이다. 최선의 수호자는 플라톤이 설정한 이상 국가에서 지향하는 '왕도 정체적 인간형'이다. 그가 말하는 이 최선자 정체가 점진적으로 쇠퇴해 가는 과정은 다음과 같다.

명예 지상 정체 : 승리와 명예를 사랑하는 인간

최선자 정체가 타락하는 첫 번째 단계는 '명예 지상 정체'이다. 이 정체에는 두 부류의 사람들이 있다. 한 부류는 철의 종족과 청동족으로 돈을 추구한다. 반면에 다른 부류는 황금족과 은족으로 훌륭함을 추구한다. 그들은 서로 격렬하게 다투다가 마침내 두 부류 모두의 욕구를 만족시키는 선에서 서로 양보하여 합의를 보려 한다. 즉 지배계급은 토지와 주택을 분배해서 사유재산을 제도화하고, 피지배계급들을 그들의 노예로 삼는다.

이 정체는 이성적인 것보다 격정적인 것이 우세한 명예욕이 지배한다. 결국 인간의 최선의 요소였던 이성은 그 최고의 자리에서 쫓겨나고 기개의 하녀로 전락한다. 이들의 통치자들은 격정적이며 평화보다는 전쟁을 더 좋아한다.

또한 이들은 재물에 대한 욕심도 있어서 재물을 숭상하며 남몰래 재산을 보관한다. 명예 지상 정체에 사는 개인들은 승리와 명예를 사랑하는 인간들이라고 할 수 있다. 이들은 고집이 세고, 시가 교육이 부족한 편이고 남의 말 듣기를 좋아하지만 결코 변론술에 능하지 못하다. 반면에 체력 단련과 사냥과 전쟁을 좋아한다.

과두 정체 : 돈을 사랑하는 인간

최선자 정체가 타락한 두 번째 단계는 재산 평가에 근거한 '과두 정체'이다. 따라서 이 정체에서는 부자들이 통치하고, 가난한 사람은 통치에 관여하지 못한다. 명예 지상 정체가 재물에 대한 욕망을 비밀리에 가지고 있었던 반면에 과두 정체에서는 부를 향한 욕망을 아예 대놓고 채운다. 다시 말해 명예를 중요시했던 정치체제에서 서서히 돈을 더 중요한 가치로 두는 체제로 바뀐 것이다.

과두 정체에서는 훌륭함과 훌륭한 사람보다는 부와 부자들을 더 귀하게 대접한다. 부자를 찬양하며 가난한 사람을 멸시한다. 따라서 과두 정체적 인간은 돈을 사랑하는 인간이다. 이들은 인색하고 부지런히 일해서 돈만 벌며 자신에게 꼭 필요한 욕구만을 충족시킬 뿐, 다른 욕구는 쓸모없다고 여기며 억제한다.

민주 정체 : 자유를 추구하는 인간

세 번째 단계는 부유한 사람이든 가난한 사람이든 가릴 것 없이 모두가 주인이 되어 각자의 욕망을 추구하는 '민주 정체'이다. 과두 정체에서 좋은 것이란 돈에 대한 욕망이었다. 그런데 최대한 부유해져야 한다는 '만족할 줄 모르는 욕망'과 돈벌이 외의 다른 일에 대한 무관심은 과두 정체를 민주 정체로 바뀌게 한다. 과두 정체의 통치자들은 젊은이들이 무절제하게 재물을 낭비하거나 탕진해도 막지 않고 오히려 그들의 재산을 사들여 한층 더 부유해지고 더욱 존경받게 된다. 즉 과두 정체에서 무절제하게 살거나 오히려 그것을 부추겼던 부유했던 사람들이 재물을 탕진해 가난뱅이가 된다.

이렇게 빚을 지거나 시민권을 박탈당한 사람들은 자신의 재산을 빼앗아 간 자들에게 원한을 품고 음모를 꾸미며 혁명을 열망한다. 결국 민주 정체는 가난한 사람들이 승리해 반대파 가운데 일부는 처형하고 일부는 추방한 후, 나머지 시민들에게 평등하게 시민권과 통치권을 분배하면서 생겨난다. 민주 정체를 닮은 인간의 기질은 바로 '멋대로 할 수 있는 자유'에 있다. 따라서 이들은 각자가 자기 하고 싶은 대로 자신의 삶을 꾸려나간다.

참주 정체 : 만족을 모르고 온갖 욕망에 시달리는 인간

네 번째 단계는 개인적 욕망을 달성하기 위해 가난한 민중을 교묘하게 이용하는, 참주라는 독재자가 다스리는 참주 정체다. 민주 정체에서 하루하루 일해야 먹고사는 다수의 민중은 재산이 그다지 많지 않다. 이들은 정치에 직접 관여하지 않지만, 다수의 투표권을 갖고 있으므로 민주 정체에서 세력이 막강하다. 그래서 이들은 민중 선동가를 내세워 자신의 자유와 욕망을 보장받고자 한다. 민중의 선동가가 민중의 편에서 그들의 수호자를 자처하면서 부유층의 돈을 빼앗아 민중에게 나눠준다. 이렇게 재산을 빼앗긴 부유층이 저항하려 할 때, 민중 선동가들은 그들에게 과두제적 인간이라 누명을 씌워 그들의 목을 자른다.

결국 민중 선동가는 민중의 선도자가 되어 모든 권력을 장악하고 참주, 즉 독재자로서의 면모를 드러낸다. 참주가 지배하는 국가에서 대부분의 사람은 아무런 권리가 없는 가난한 노예다. 참주 정체를 닮은 인간은 광적인 욕망의 노예가 되어 항상 결핍을 느끼고 만족을 모르는 욕구에 시달린다.

무엇이 필요한 욕망인가

플라톤은 각각의 정체가 '좋은 것'이라고 규정했던 것이 오히려 그 정체를 무너뜨리게 만든 원인이었다는 사실을 보여준다. 명예 지상 정체에서는 승리와 명예를 사랑하는 욕망, 과두 정체에서는 부에 대한 만족할 줄 모르는 욕망, 민주 정체에서는 제멋대로 할 수 있는 욕망 그리고 참주 정체에서는 만족을 모르는 광적인 욕망에 의해 어쩔 수 없이 타락했다.

특히 민주 정체를 닮은 인간이 추구한 제멋대로 즐기는 자유는 오늘날 현대사회에 만연한 욕망의 모습을 그대로 보여주고 있다. 그렇다면 이 욕망을 어떻게 다스려야 할까.

첫째, 필요한 욕망과 불필요한 욕망을 구별하라

플라톤은 『국가』에서 인간의 욕망을 '필요한 욕망'과 '불필요한 욕망'으로 구분한다. 필요한 욕망은 우리가 벗어날 수 없는 욕망과 충족이 되면 우리에게 도움이 되는 욕망을 말한다. 이러한 욕구는 본성적으로 추구되기에 필요하다. 예를 들어 건강과 체력을 유지하는 데 빵이나 음식을 필요한 만큼만 먹으려는 식욕은 필요한 욕망이다.

반면에 불필요한 욕망은 젊을 때부터 단련한다면 벗어날 수 있는 욕망과 마음에 품어봤자 아무 도움이 되지 않고 오히려 정반대의 결과를 가져다주는 욕망을 말한다. 예를 들면 음식을 먹고자 하는 욕구를 생존을 위한 가장 기본적인 한도를 넘어 채우려 한다면 불필요한 욕망이 된다. 플라톤은 우리가 몸과 정신에 해롭고 낭비적인 불필요한 욕망의 지배에서 벗어나려 노력해야 한다고 말한다.

둘째, 이성과 감정의 적절한 조화와 균형을 유지하라

플라톤은 앞서 살펴본 영혼 삼분설에서 욕망을 제어하는 방법으로 이성과 기개의 조화와 협력을 강조한다.

우리가 적정 비율로 시가와 체육의 교육을 받는다면, 합리적 논의와 학문으로 이성적 부분을 더 높이 끌어올릴 수 있다. 화음과 리듬으로 기개 높은 부분을 부드럽게 진정시킬 수 있다. 그렇게 된다면 이성과 기개가 혼의 대부분을 차지해 욕망을 지배할 수 있다는 것이다. 플라톤은 건강한 몸보다 훌륭한 혼을 추구해야 한다며 다음과 같이 말한다.

내 생각에 건강한 몸은 혼까지 훌륭하게 만들지는 못 하지만, 거꾸로 훌륭한 혼은 그 탁월함으로 몸까지 최대한 훌륭하게 만들어주는 것 같네. 자네 의견은 어떤가?

『국가』 403d

최근에는 알코올, 마약 등 약물 중독뿐만 아니라 스마트폰 중독처럼 행위 중독과 같은 새로운 형태의 의존증이 늘고 있다. 이러한 모바일 디지털 세상은 우리의 정신건강에 부정적인 영향을 준다. 중독 대상을 끊는 가장 좋은 방법은 절제하는 것이다. 하지만 갑자기 끊어버리면 오히려 쾌락을 위해서가 아니라 금단 현상에 따른 고통을 완화하기 위해서 다시 그 중독 대상을 찾게 된다.

물질적으로 풍요로운 자본주의 사회를 살아가는 우리는 집착과 소유욕 그리고 매너리즘에 젖어 있다. 이런 시대에 욕망의 지배에서 벗어나기 위해서는 독서, 미술관 관람, 음악 감상, 명상, 걷기나 운동과 같이 몸과 마음을 건강하게 해줄 수 있는 활동이 반드시 필요하다.

따뜻한 봄날 이른 아침 한가로이 산책한다는 것은 그날 하루를 위한 축복이 아닐까. 봄은 자연이 인간에게 주는 작은 선물이다. 죽음처럼 혹독한 겨울을 지나 다시 찾아온 봄은 우리에게 지금까지 견뎌왔던 모든 아픔을 딛고 피로에 지친 영혼을 깨우라고 말한다. 안개비 내리는 숲을 지나, 아침 햇살이 가득 번지는 곳에 앉아 따뜻한 차 한잔을 마시며 자연이 주는 여유를 만끽할 때 우리가 느끼는 감정은 분명히 기쁨일 것이다.

플라톤은 『고르기아스』에서 행복하다고 말하는 사람들 역시 끔찍한 삶을 산다고 말한다. 그는 만족할 줄 모르는 욕망을 채우려 해도 채워지지 않는 '구멍 뚫린 항아리'에 비유한다. 생각이라곤 없는 자들은 이러한 욕망에 휘둘려 채워질 수 없는 무절제한 삶을 행복하다고 착각한다는 것이다.

우리는 어쩌면 나의 욕망이 아니라 타인의 욕망을 밑 빠진 독에 물 붓기 식으로 채워가고 있는지도 모른다. 탐닉의 악순환에서 벗어나려면 진정으로 자신이 원하는 욕망을 찾아야 한다. 새롭고 강렬한 쾌락을 계속 추구한다면 욕망 위의 욕망의 노예밖에 안 될 것이다.

"이것이 정말 즐길 만한 가치가 있는 것인가?"

무언가를 욕망할 때 자신에게 반드시 던져야 할 질문이다. 가치 있는 욕망을 추구한다면 그것이 곧 자기 자신을 찾아가는 길이다.

왜 어떤 삶은 괴롭고
어떤 삶은 만족스러운가

지혜

PLATO

‘철학(philosophy)’은 ‘지혜에 대한 사랑(philosophia)’에서 유래했다. 디오게네스 라에르티오스는 철학이라는 말을 최초로 쓴 사람이 바로 피타고라스였다고 말한다. 피타고라스는 플리우스의 참주 레온이 ‘그대는 누구인가?’라고 물었을 때 자신은 ‘지혜를 사랑하는 사람(philosophos)’이라고 대답했다. 기원전 6세기경 사모스에서 태어난 고대 그리스의 철학자이자 수학자였던 피라타고라스는 모든 사물의 근원이 ‘수(數)’에 있다고 보았다. 그는 ‘기하학의 아버지’라고 불리며 그 유명한 ‘피타고라스의 정리’를 발견했다.

피타고라스는 "인생은 축제와 같다"라고 말했다. 인생이란 올림픽 경기와 같은 대중적인 축제를 축하하기 위해 모인 자리라는 것이다. 그는 올림픽 경기에 세 부류의 사람들이 참여하는 것처럼, 우리의 인생에도 세 가지 수준의 인간이 있다고 보았다. 첫 번째 부류는 올림픽 경기장에 물건을 팔려고 장사하러 오는 가장 수준이 낮은 사람이고, 두 번째 부류는 상을 놓고 경쟁하기 위해 경기에 직접 참여하는 사람이다. 세 번째 부류는 가장 수준이 높은 사람으로 올림픽 경기를 구경하러 온 관객이다.

피타고라스는 노예근성이 있는 사람들은 명예나 이익을 추구하는 사냥꾼인 반면 지혜를 사랑하는 사람들, 즉 철학자는 진리를 추구하는 사냥꾼이라고 말한다. 그러면서 덧없는 인생에서 부와 권력, 명성보다 지혜를 추구하라고 가르쳤다. 지혜를 사랑하며 영혼을 깨끗이 정화한다면 윤회의 사슬에서 벗어나 '해탈'할 수 있다는 것이다. 놀랍게도 피타고라스는 인간의 영혼이 불멸하며 윤회한다고 보았다.

인간의 세 가지 유형

플라톤도 인간의 유형을 피타고라스처럼 '이익을 탐하는

자', '승리를 사랑하는 자', '지혜를 사랑하는 자'라는 세 가지로 분류한다.

우선 플라톤은 영혼이 이성, 기개, 욕망의 세 부분으로 이루어져 있는 것처럼 즐거움, 즉 '헤도네(hēdonē)'에도 세 가지 부분이 있다고 말한다. 첫 번째 요소인 이성은 배우기를 좋아하는 부분으로 '지혜를 사랑하는 부분'이다. 두 번째 요소인 기개는 화를 내는 격정적 부분으로 전적으로 지배하는 것과 승리하는 것 그리고 명성을 떨치는 것을 지향한다. 따라서 이 부분은 '승리와 명예를 좋아하는 부분'이다. 세 번째 요소인 욕망은 먹는 것과 마시는 것, 성적 쾌락 등과 그 밖에 관련된 모든 것을 바라는 욕구가 강렬한 욕구적 부분이다. 이 부분은 '돈을 좋아하는 부분' 또는 '이익을 탐하는 부분'이다.

혼의 세 부분	세 가지 즐거움	세 가지 인간	통치 원리
이성	배움과 지혜를 사랑하는 부분	지혜를 사랑하는 자	지혜
기개	승리와 명예를 사랑하는 부분	승리를 사랑하는 자	용기
욕망	돈과 이익을 탐하는 부분	이익을 탐하는 자	절제

플라톤은 이렇게 혼의 세 부분에 대응해 각 부분에 하나씩 세 가지 즐거움과 세 가지 욕구 그리고 세 가지 통치 원리가 있다고 말한다.

플라톤은 세 유형의 인간이 저마다 자기 즐거움과 자기 삶이 더 훌륭하다고 서로 다투는 처지에 있다고 말한다. 그렇다면 이들 세 가지 유형 가운데 어떤 삶이 가장 즐거울까. 어떤 삶이 더 고통스러울까.

지혜를 사랑하는 사람이 가장 행복한 사람이다

플라톤은 『국가』에서 '지혜를 사랑하는 자', '승리를 사랑하는 자', '이익을 탐하는 자' 가운데에서 누가 행복한지 판정하기 위해 '경험'과 '사리 분별' 또는 '이성적 추론'이라는 기준을 제시한다. 그리고 지혜를 사랑하는 자가 가장 행복한 두 가지 이유를 알려준다.

첫째, 지혜를 사랑하는 자는 즐거운 경험이 가장 많다

지혜를 사랑하는 자는 어릴 때부터 지혜뿐만 아니라 이

익이나 승리를 얻는 즐거움을 맛보았을 가능성이 크다. 다른 즐거움도 경험한 것이다. 반면에 이익을 탐하는 자나 승리를 사랑하는 자는 사물의 본성이 어떤 것인지 배워도 그 즐거움이 얼마나 달콤한지 느끼지 못한다.

그렇다면 세 사람 중에서 누가 모든 즐거움에 대해 가장 많은 경험을 했을까? 실재를 관조하는 즐거움은 지혜를 사랑하는 자, 즉 철학자만 느낄 수 있는 경험이다. 철학자가 아닌 보통 사람의 경우 어떤 누구도 철학자의 경험을 맛볼 수 없다. 따라서 지혜를 사랑하는 자는 다른 사람들보다 즐거움에 대한 경험이 가장 많으므로 세 가지의 삶 중에서 가장 훌륭한 삶이라는 것이다.

둘째, 이성적 추론으로 괴로움의 원인을 찾는다

플라톤은 영혼의 지혜로운 상태가 모든 인간의 생활을 행복하게 하는 힘이라고 말한다. 지혜를 사랑하는 자는 다른 사람들보다 경험이 많고 사리 분별이 분명하기 때문이다. 지혜는 세상을 올바로 볼 수 있는 눈이다.

진리는 흐릿한 베일로 가려져 있기에 우리가 눈으로 보는 것은 그림자이거나 허상일 수 있다. 지혜는 이성적 추론으로 우리의 감각이 만들어놓은 허상과 진리 사이의 괴리를 메워준다. 따라서 플라톤은 '이성적 추론'은 어느 누구보다도 지혜를 사랑하는 자의 도구가 된다고 말한다.

지혜를 사랑하는 자는 지혜를 사랑하는 즐거움, 이익에 의한 즐거움 그리고 명예에 의한 즐거움 간의 크고 작음을 각각 비교 분석할 수 있다. 예를 들어 겉으로 보기엔 모든 조건을 완벽하게 갖춘 사람이 심각한 우울증이나 공황장애를 앓거나 알코올이나 마약에 중독된 경우를 심심치 않게 보게 된다. 지혜와 분별력을 잃고 돈, 권력, 명성과 같은 외적인 것들만 추구한 결과인 것이다.

하지만 지혜를 사랑하는 자는 돈과 명예를 추구할 때도 불안해하거나 혼란스럽게 행동하지 않는다. 지혜로써 자기 자신을 엄격하게 통제하면서 절대로 고삐 풀린 충동에 따르지 않을 뿐만 아니라 모든 일을 일관성 있게 처리한다. 결국 혼의 지적인 부분에서 즐거움을 찾는 사람은 더는 자신의 감정에 놀아나거나 노예처럼 휘둘리지 않는다. 왜냐하면 지혜를 사랑하는 자는 경험과 사리 분별 또는 이성적 추론을 통해 괴로움을 유발하는 원인을 파악해 그 원인에서 벗어나려고 노력하기 때문이다.

지혜로운 사람에게는 행운이 필요 없다

플라톤은 『에우튀데모스』에서 사람들은 모두 다 잘 살고 싶어 한다고 말한다. 어떻게 하면 잘 살 수 있을까? 우리에게 '좋은 것'이 많으면 행복할 수 있을까? 그는 존재하는 것들 중 우리에게 좋은 것은 무엇인지 다음과 같이 질문한다.

"부유하게 사는 것이 좋다고 누구나 말할 수 있는가?"

"건강한 것과 아름답게 사는 것을 비롯해 몸에 관한 것들을 풍족하게 타고나는 것도 그렇지 않은가?"

"좋은 가문과 권력과 명예도 좋은 것인가?"

"절제 있게 사는 것과 정의롭게 사는 것과 용기 있게 사는 것은 어떤가?"

"지혜는 우리 대열의 어디쯤 배치되는가? 좋은 것들 사이에 배치되는가?"

우리에게 좋은 것들이 많이 자리하고 있다면, 우리는 행복해지고 잘 살 수 있다. 플라톤은 부, 건강, 권력, 명예 등 행복을 위한 여러 조건 가운데 '지혜는 행운인 것이 분명하다'고 말한다. 왜냐하면 지혜는 결코 실수하는 법이 없고, 올바를 수밖에 없기 때문이다.

예를 들어 우리는 전쟁에 나갈 때 무지한 장군보다 지혜로운 장군과 함께하고 싶어 하고, 아플 때 무지한 의사보다 지혜로운 의사와 함께하며, 바다를 항해할 때 무지한 선장보다 지혜로운 선장과 함께하고 싶어 한다. 따라서 플라톤은 우리가 무지한 사람보다 지혜로운 사람과 함께할 때 운이 더 좋을 것이라고 말한다. 지혜는 어디서나 사람들을 운좋게 만들기 때문에, 지혜가 있는 사람에게는 행운이 별도로 필요하지 않다는 것이다.

그런데 우리가 좋은 것들을 갖고 있기만 할 뿐 그것을 사용하지 않는다면 어떨까? 예를 들어 먹을 음식이 가득하더라도 우리가 먹거나 마시지 않는다면 무슨 소용이 있을까? 돈을 아무리 많이 가지고 있더라도 우리가 그 돈을 사용하지 않는다면 과연 행복할까? 플라톤은 『에우튀데모스』에서 말한다.

"행복하려는 사람이라면 모든 좋은 것을 얻어내야 할 뿐만 아니라 그것을 사용하기도 해야 한다."

아리스토텔레스도 『니코마코스 윤리학』에서 우리가 최고선, 즉 행복을 소유로 보느냐 사용으로 보느냐, 다시 말해 마음가짐으로 보느냐 활동으로 보느냐에 따라 큰 차이가 날 것이라고 말한다. 결국 우리는 좋은 것들을 획득하고 그것을 '올바르게' 사용할 때 행복할 수 있다. 그래서 아리스토텔레스는 '인생에는 운도 필요하지만, 우리의 행복과 불행은 유덕한 활동이 아니면 그와 반대되는 것이 결정된다'라고 말한다.

우리의 인생에는 많은 일이 우연에 따라 일어난다. 사소한 불행은 삶의 균형을 깨뜨리지 못하지만 커다란 불행은 우리를 고통과 절망의 늪으로 빠뜨린다. 그래서 플라톤은 부, 건강, 아름다움과 같이 좋은 것들을 올바르게 사용하기 위한 앎, 즉 지식이 필요하다고 말한다. 지혜는 우리를 행복에 이르는 길로 안내해 주지만 무지는 나쁘고 불행한 길로 안내한다는 것이다. 우리는 앞서 소크라테스의 문답법을 통해 자신의 '무지의 지'를 깨닫는 과정이 바로 지혜를 얻어 가는 과정이라는 사실을 배웠다.

절망 속에서도 길을 잃지 않도록

삶을 살아가는 게 갈수록 어려워지고 있다. 좋은 대학에 들어가기도, 좋은 직장에 취직하기도 쉽지 않다. 불안정한 일자리와 물가 상승에 따른 생활비 증가, 천정부지로 치솟는 집값으로 내 집 장만은 일찍이 포기하고 결혼과 출산마저 포기한 사람도 늘고 있다. 어떻게 해야 행복할 수 있을까?

우리는 모두 행복하기를 바라고, 사물을 올바르게 사용함으로써 행복한 사람이 되며, 올바름과 행운을 제공하는 것은 지식이라는 사실이 분명해진 만큼, 모든 방법을 동원해서 최대한 지혜로워지도록 스스로 노력해야 할 듯하네.

『에우튀데모스』 282a

플라톤은 부유하게 사는 것, 건강하고 아름답게 사는 것, 권력과 명예, 절제, 정의, 용기 그리고 지혜 등 행복하기 위한 여러 조건을 제시한다. 그런데 행복을 위한 공식은 의외로 간단하다. 바로 지혜, 즉 분별력을 갖추라는 것이다.

인생의 무상함을 깨닫고 진정한 행복을 가져다주는 것이 무엇인지 최선을 다해 현실적으로 파악하는 것이 급선무다. 물론 엄청난 부를 소유하고 명성을 떨치고 남부럽지 않은 대저택과 멋진 외제차를 소유한다면 잠깐은 행복하다고 생각할 수 있다. 하지만 플라톤은 진정한 행복은 그렇게 얻는 것이 아니라고 말하려던 게 아닐까? 행복이란 하루하루를 살아가는 과정 안에서 즐거움을 느낄 때 찾아오는 것이다.

아리스토텔레스는 『니코마코스 윤리학』에서 '혼의 활동은 평생토록 지속되어야 한다'라고 말한다. 제비 한 마리가 날아온다고 하루아침에 봄이 오지 않듯, 사람도 하루아침에 또는 단기간에 행복해지지는 않는다는 것이다. 지혜를 사랑하는 사람만이 행복을 지속할 수 있다. 지혜는 행복에 다가가기 위한, 지혜를 사랑하는 사람만의 도구다.

지혜는 우리를 노예의 삶이 아닌 주인의 삶으로 이끈다. 자신이 진정으로 원하는 것이 무엇인지를 깨닫게 해주기 때문이다. 또한 지혜는 상처를 치유하는 회복력이다. 지혜라는 나침반이 있다면 괴로움과 절망에서도 길을 잃지 않는다.

나는 나를
어떻게 대하고 있는가

인간의 소유물

PLATO

우리는 타인의 평가에 관심이 많다. 부모, 형제자매, 남편 또는 아내, 직장 상사, 친구 등으로부터 인정받고 싶어 한다. 왜 삶의 기준점을 내가 아닌 타인에 둘까? 자신을 존중하는 마음이 부족하기 때문이다. 우리는 남이 나를 어떻게 대하고 있을지 생각하면서 타인에게 의지하곤 한다. 그럴수록 삶은 더욱 불안해질 뿐이다.

건강한 자존감을 소유하지 못하는 이유에는 여러 가지가 있다. 어린 시절에 받은 가혹한 비난, 학대, 무시, 놀림, 시기, 질투 등이 낮은 자존감을 형성해 자신의 진정한 가치를 제대로 알지 못한 채 어른이 되었을 수 있다. 자신을 타인과 비교하며 크고 작은 열등감과 상대적 박탈감에 시달리는 것이다.

자존감이 낮으면 우울증과 불안장애 등을 겪으면서 스스로 불행하다고 여기게 된다. 이런 생각 패턴은 결국 자기 자신을 부정적으로 평가하게 만들어 자기 비하 또는 자기혐오에 이르게 할 수도 있다.

삶은 험난한 바다다. 세상의 풍파를 헤쳐 나가다 보면 상처받거나 고통받을 일이 허다하다. 자존감은 이럴 때 상처를 치유하고 덜 고통스럽게 만드는 힘이다. 어떻게 해야 나 자신을 사랑하고 존중할 수 있을까? 우리는 플라톤이 말한 인간의 세 가지 소유물에서 그 답을 얻을 수 있다.

혼은 그 무엇보다도 나 자신의 것이다

플라톤은 『법률』에서 모든 사람이 진지하게 관심을 갖는 세 가지는 '돈', '몸', '혼'이라고 말한다. 그에 따르면 혼에 관한 관심이 으뜸이고, 몸에 관한 관심이 두 번째고, 돈에 관한 관심이 마지막으로 세 번째다. 인간의 세 가지 소유물을 다루는 방법을 알면 자기 자신에 대한 신뢰를 회복할 수 있다.

인간의 첫 번째 소유물 : 영혼

플라톤은 『법률』에서 인간의 소유물 가운데 가장 신성한 것은 혼이라고 말한다. 혼은 그 무엇보다도 인간 자신의 것이기 때문이다. 플라톤은 혼이 몸보다 절대적으로 우월하다고 말한다. 혼이 진정한 나 자신이고 몸은 그것의 닮은꼴에 불과하다. 혼은 불멸하지만 몸은 사멸한다. 그래서 우리는 자기 안에서 주인 역할을 하는 혼을 언제나 더 존중해야 한다. 플라톤은 자기 혼을 존중하고 있다고 생각만 할 뿐, 제대로 존중하는 사람은 사실상 아무도 없다고 말한다.

> 인간의 소유물 가운데서 가장 신성한 것은 바로 혼입니다. 그 무엇보다도 혼은 자기 자신의 것이기 때문입니다.
>
> 『법률』 726a

그는 자기 혼을 말로 칭찬하거나 자기 혼이 원하는 일이면 무엇이든 하도록 격려하는 건 혼을 존중하는 게 아니라 해치는 것이라고 주장한다. 플라톤은 자기 혼을 존중하는 일곱 가지 방법을 소개한다.

첫째, 자기 과실을 남의 탓으로 돌리지 마라. 많은 사람이 자신의 잘못을 자신의 탓으로 여기지 않고, 남들 탓으로 여긴다. 스스로 존중하는 사람은 자신이 중심인 삶을 살기 때문에 결과에 대한 책임을 스스로 진다. 반면에 자존감이 낮은 사람은 타인의 기대에 맞춘 삶을 살기 때문에 좋지 않은 결과가 나오면 타인에 대한 원망이 앞서게 된다. 우리는 자신이 진정으로 원하는 것이 무엇인지를 스스로 생각하고 결정해야 한다. 자기 자신이 아니면 누가 이 삶의 주인이란 말인가.

둘째, 쾌락을 탐닉하지 마라. 삶이 고통과 후회로 가득 찰 것이다. 즐거움, 즉 쾌락에 탐닉하는 것은 자신의 혼을 존중하는 태도가 아니다. 혼을 나쁜 것들과 후회로 가득 채움으로써 스스로를 불명예스럽게 만들기 때문이다. 예를 들어 술이나 마약 등에 중독된 사람은 중독된 그 물질뿐만 아니라 술, 마약 등을 판매하는 사람의 노예가 될 수밖에 없다. 쾌락을 탐닉한 결과는 자신에 대한 실망감과 굴욕감으로 이어져 존엄성은 바닥까지 떨어지고 말 것이다.

셋째, 노고와 두려움과 어려움과 고통을 굳건하게 견뎌라. 살면서 겪는 수고와 무서움, 고통과 슬픔을 견디지 못하고 회피한다면 자기 혼을 존중하는 것이 아니다. 이러한 회피 행위 역시 자기 혼에 불명예를 안겨준다. 우리 삶은 고통으로 상처받기 쉽다. 하지만 고통스럽다는 이유로 현실의 문제들을 해결하려 노력하지 않고 습관적으로 쉽게 포기한다면 상처는 점점 쌓여 마음은 우울과 절망과 같은 부정적 감정으로 결국 곪아 터질 것이다. 강인한 멘털을 소유한 사람이라고 해서 상처받지 않는 것은 아니다. 누구든 마음이 다치지 않게 자기방어를 해야 한다.

유리 멘털인 사람도 스스로 마음의 상처를 치유할 힘을 갖고 있다. 우리 안에는 자신의 마음을 치유하고 적절한 온도를 유지할 수 있는 회복력이 있기 때문이다. 시련을 이겨내지 않고 성장을 이룬 사람은 단 한 명도 없다. 오히려 삶이 고통스러울 때 마음의 면역력을 기를 수 있다. 고통을 겁내지 않고 어떤 상처에도 굴하지 않을 때 내적 성장이 시작된다.

넷째, 삶을 무조건 좋은 것으로 여기지 마라. 어떻게든 살아남는 걸 좋은 것으로 여긴다면, 혼을 존중하는 것이 아니다. 죽음은 어쩌면 우리에게 가장 큰 축복일지 모른다. 자기 혼이 저승을 무조건 나쁜 것으로 생각하도록 두어서는 안 된다. '자신의 죽음을 기억하라'라는 뜻의 라틴어 '메멘토 모리'처럼, 오히려 죽음은 우리를 늘 깨어 있게 만든다. 피할 수 없는 죽음을 생각할 때 오늘 하루 더 간절히 살아야겠다고 다짐하게 되기 때문이다.

다섯째, 미덕보다 아름다움을 더 존중하지 마라. 훌륭함,

즉 미덕보다 눈에 보이는 아름다움을 더 귀히 여긴다면 이것은 전적으로 자기 혼을 철저히 무시하는 것이다. 이러한 주장은 혼보다 몸을 더 귀하게 여기는 것이기 때문이다. 예를 들어 외모, 몸매, 옷차림 등 겉모습에서 아름다움을 추구할 경우 오히려 콤플렉스에 시달리게 된다. 나의 약점이나 단점보다 내가 가진 자질과 재능을 더 소중히 여기는 태도가 필요하다.

여섯째, 부정한 방법으로 돈을 벌지 마라. 부정한 방법으로 돈을 벌고 싶어 하거나 그렇게 돈을 버는 것은 자기 혼의 존경스럽고 아름다운 부분을 약간의 금을 받고 파는 것이다. 탐욕스러운 대기업 총수나 정치인들이 불법적으로 재산을 증식하다가 몰락하는 경우는 비일비재하다. 사람은 누구나 부자가 되고 싶어 한다. 돈이 인간에게 필요한 모든 것을 채울 수 있다고 생각하기 때문이다. 하지만 돈에 대한 탐욕은 한순간에 우리를 파멸의 길로 안내할 수도 있다. 그래서 영국의 고전 경제학자 애덤 스미스는 『도덕감정론』에서 "탐욕과 야심, 부와 권력, 최고를 추구하는 목적은 무엇인가?"라고 묻는다. 온갖 고생을 하면서 야단법석을 떠는 이유가 무엇을 위해서인지 생각해 보라는 것이다.

일곱째, 악행을 저지르지 마라. 수치스럽고 나쁜 것을 회피하려고 노력하지 않는다면 혼을 더없이 불명예스럽고 혐오스럽게 대하는 것이다. 플라톤도 소크라테스와 마찬가지로 인간이 나쁜 짓을 저지르는 이유를 무지의 결과에서 찾았다. 자신에게 해가 될 사실을 알면서 악행을 저지르지는 않기 때문이다. 예를 들어 살인, 사기, 강도와 같은 악행을 저지르는 사람은 그러한 잘못된 행위가 자신에게 이익을 준다고 착각한다. 이러한 잘못된 생각으로 욕망이 이성을 압도해 범죄를 저지른다는 것이다. 그래서 플라톤은 『국가』에서 이성과 욕망의 내적 조화를 위한 감수성 교육만이 상실된 도덕성의 회복을 위한 중요한 열쇠가 된다고 생각했다.

인간의 두 번째 소유물 : 몸

인간의 두 번째 소유물은 몸이다. 플라톤은 앞서 살펴본 것처럼 인간의 영혼을 육체보다 우위에 놓는다. 플라톤은 몸을 존중해야 하는 여러 이유를 검토하며 그중 어떤 것이 참이고 어떤 것이 거짓인지 알아보아야 한다고 말한다.

다이어트가 당연시되는 요즘은 아름답거나 강하거나 민첩하거나 건강해 보이는 몸이 존중받아 마땅한 것처럼 여겨진다. 하지만 플라톤은 많은 사람이 생각하는 것과 달리 명예

로운 몸은 아름다운 것도 힘센 것도 날쌘 것도 큰 것도 튼튼
한 것도 아니라고 말한다. 건강한 몸과 반대되는 자질을 가진
몸도 아니라고 말한다.

플라톤이 생각하는 가장 건강하고 가장 균형이 잘 잡힌
몸은 양극단의 중간 상태에 있는 몸이다. 왜냐하면 한쪽 극단
은 혼을 우쭐대고 대담하게 만들고, 다른 쪽 극단은 혼을 초
라하고 비굴하게 만들기 때문이다. 아름다움을 위해 가꿔진
몸이 아니라 내면을 들여다보기에 걸림돌이 되지 않도록 체
력적으로 건강한 몸이어야 한다.

인간의 세 번째 소유물 : 부

인간의 세 번째 소유물은 바로 돈과 재물이다. 플라톤은
필요한 것들이 부족하지 않을 정도의 재산이 가장 알맞고 가
장 훌륭하다고 말한다. 그런 재산이 우리 본성과 훌륭하게 조
화를 이루며 삶을 불안으로부터 해방시키기 때문이라는 것
이다. 돈과 재물이 너무 많으면 나라와 개인들 사이에 적대감
과 불화를 낳고, 부족하면 대개 노예 상태에 이른다. 그래서
플라톤은 우리가 자식에게 많이 물려주어야 할 것은 바로 겸
손이지 황금이 아니라고 말한다.

행복의 한도는 인격에 의해서 결정된다

플라톤은 다른 무엇보다 자신의 혼을 언제나 존중해야 한다고 말한다. 자신의 혼을 존중하면 할수록 높은 자존감을 소유하게 된다. 자존감이 높아진다면 변화의 시기에 나타나는 우울증과 무기력증을 극복하는 치료책이 될 수 있다.

하지만 플라톤은 지나치게 자신을 사랑하는 것은 피하라고 말한다. 자기 잘못을 쉽게 용서하며 잘못에서 벗어날 그 어떤 방도도 강구하지 않게 되기 때문이다. 우리가 저지르는 온갖 실수는 대부분 자신에 대한 지나친 사랑, 즉 이기심에서 비롯된다. 플라톤은 이러한 이기심을 혼 안에 타고난 모든 악덕 중에 최악의 것이라고 말한다. 그는 적어도 위대한 인물이 될 사람은 자기 자신도, 자기 자신의 것들도 사랑하지 말고 올바른 것만 사랑해야 한다고 말한다.

위대한 인간이 되려면 자기 자신이나 자신의 것들을 사랑하지 말고 올바른 것들을 사랑해야 합니다. 자신이 행한 것은 물론 남들이 행한 것에도 그리해야 합니다. 그런데 이기심으로 인해 무지하면서도 스스로 지혜롭다고 여기는 일이 발생합니다.

『법률』 732a

인간의 감정은 자신을 향한 타인의 평가에 크게 좌우된다. 인간은 타인과의 관계에서 행복을 느끼는 존재이기 때문이다. 타인에게 인정받고 싶은 강렬한 욕망은 인간이 스스로 성장할 수 있는 훌륭한 자극제일지도 모른다. 하지만 타인의 기대에 부응하기 위한 삶은 진정으로 자신이 원하는 삶이 아니다. 다른 사람의 기준에 맞춰 산다는 것은 결국 자신을 존중하지 않는 행위다. 자존감이 낮아질 때 우리는 불안감에 휩싸이고 부정적인 생각을 반복해 상황을 더 악화시킨다.

자기 자신을 존중하는 삶은 여러 차원으로 나뉘어 있다. 만족스러운 삶을 위해서는 혼의 상태, 즉 마음의 상태가 가장 중요하다. 행복과 불행은 얼마나 많이 가졌느냐가 아니라, 가진 것에 얼마나 만족하느냐에 따라 결정된다. 행복은 바깥에서 찾을 수 없다. 행복이 언제나 우리 자신에게 맡겨져 있다는 말은 행복이 마음 안에 있다는 중요한 사실을 일깨워 준다. 자기 자신에게 만족할 때 자아 존중감도 높아지고 결국 내면의 행복감도 높아진다.

이제 삶의 기준점을 어디에 둘지 고민해 봐야 한다. 무게 중심을 자기 자신에게 두고 타인의 시선으로부터 자유로워지는 법을 배워야 한다. '타인이 나를 어떻게 생각하느냐'가 아니라 '내가 나를 어떻게 대하고 있느냐'로 기준점을 옮길 때 나의 자존감은 올라갈 것이다.

독일의 철학자 쇼펜하우어는 자신의 행복론에서 인간의 운명을 차이 나게 하는 요소를 세 가지로 분류한다. 첫 번째 요소는 인간을 이루는 것, 즉 인격이다. 두 번째 요소는 인간이 지닌 것으로 돈이나 재산과 같은 물질적 소유물이다. 세 번째 요소는 인간이 남에게 드러내 보이는 것으로 명예, 지위, 명성을 말한다.

그에 따르면 인간의 행복에 영향을 미치는 가장 중요한 것은 인간 내부에 존재한다. 다시 말해 인간이 누릴 수 있는 행복의 한도는 자신의 인격, 즉 개성에 의해 정해져 있다는 것이다. 돈이나 명예 등과 같은 외부의 것은 행복과 불행에 간접적인 영향을 미칠 뿐이다. 쇼펜하우어는 건강이 우리의 행복을 이루는 데 가장 중요하다며 다음과 같이 말한다.

"건강한 거지가 병든 왕보다 더 행복하다."

쇼펜하우어는 부자들 중 불행하다고 느끼는 사람이 많은 것을 보면, 남아돌 정도의 부는 행복에 그다지 기여하지 않는다고 말한다. 인간이 소유하고 있는 모든 자산 중에서 가장 직접적으로 우리를 행복하게 해주는 것은 무엇일까? 쇼펜하우어는 바로 '명랑한 마음'을 꼽는다.

당신은 오늘 하루를 명랑한 마음으로 보냈는가?

고독할 줄 아는 자만이
행복할 수 있다

행복론

PLATO

삶은 행복과 불행이라는 감정의 연속이다. 우리는 간절히 원했던 이상형의 배우자를 만나 행복한 결혼 생활을 이루기도 하고 사업이나 투자로 큰돈을 벌어 부유하고 여유로운 삶을 누리기도 한다. 하지만 행복한 순간은 잠깐이다. 경제적인 문제, 가족 간의 갈등, 자녀 양육 등 여러 문제로 관계가 삐거덕거리기 시작하면 행복했던 감정은 순식간에 사라진다. 사업에 성공해 크루즈를 타고 세계 여행을 가는 상상에 빠져 있다가 사업 위기와 투자 실패로 하루아침에 망해 괴로움과 우울증에 시달리기도 한다.

그래서 플라톤은 『국가』 9권에서 우리 마음이 즐거워지거나 괴로워지는 것을 일종의 운동이라고 말한다. 우리가 행복과 불행을 느끼는 것은 즐거움과 괴로움이라는 양극단의 감정 사이를 오가는 것이다. 그리고 즐거움과 괴로움 사이 중간에는 잔잔한 호수 같은 '마음의 평온'이라는 정지 상태가 있다. 마음의 평온은 기뻐하지도 않고 괴로워하지도 않는 어떤 상태를 말한다.

프랑스의 수학자이자 철학자였던 파스칼은 『팡세』에서 다음과 같이 말했다.

"인간의 모든 불행은 단 한 가지 사실, 즉 그가 방 안에 조용히 머물러 있을 줄 모른다는 사실에서 유래한다."

인간은 아무런 열정도, 즐거움도, 해야 할 일도 없는 온전한 휴식 상태를 참기 어려워한다. 그래서 대화를 나눌 상대를 찾거나 오락을 찾아 나선다는 것이다. 파스칼은 인간이 왜 아무것도 하지 않고 가만히 있을 수 없는 존재라고 말한 것일까? 그는 불행의 원인을 권태, 즉 지루함에서 찾았다. 인간은 아무것도 하지 않을 때 자신 안에 허무함을 느낀다. 그러다 보면 마음 밑바닥에서 우울, 원망, 절망과 같은 부정적인 감정이 떠오른다. 파스칼은 인간이 홀로 남겨질 때 인간의 상태를 '두려움', '권태', '불안'이라는 세 단어로 표현한다.

절망의 끝에서 혼자만의 시간을 가져라

국가통계포털에 따르면 2022년 기준 1인 가구의 비율은 34.5퍼센트에 이른다. 〈나 혼자 산다〉와 같은 TV 프로그램이 높은 시청률을 기록하고 있는 것을 봐도 1인 가구가 얼마나 많이 늘어났는지 체감할 수 있다. 혼자 사는 데 익숙한 시대인 것이다.

혼자 사는 삶은 타인에게 맞출 필요가 없어 편할 수 있다. 하지만 사람들과 교류하지 않고 오랫동안 혼자서만 지내면 부정적인 감정에 빠지기 쉽다. 2022년 보건복지부가 실시한 '고독사 실태조사'에 따르면 우리나라에서 혼자 사는 사람 5명 중 1명이 고독사 위험군에 속한다고 한다. 특히 고독사 위험률이 높은 중증 위험군은 30~50대 중장년이다. 장기간의 경기 침체, 실직자 증가, 무직, 비혼, 이혼, 세대 간의 갈등 등 여러 이유로 무관심 속에 죽음을 맞이하는 고독사가 증가하고 있다.

소란스러운 우리의 삶은 언제나 바닷물처럼 넘실거리며 수시로 소용돌이친다. 실패와 좌절은 특히 혼자 있을 때 더 큰 파도가 되어 우리를 덮친다. 그럼에도 혼자만의 고독한 시간은 필요하다. 어떻게 해야 우리는 혼자만의 시간을 잘 버틸 수 있을까.

첫째, 극단적 괴로움과 쾌락을 피하라

플라톤은 『법률』에서 모든 사람이 극단적인 괴로움과 쾌
락을 피하고 언제나 중용을 지켜야 한다고 말한다. 다시 말해
올바른 삶이란 중용에 만족하는 삶이다. 올바른 삶은 오로지
쾌락만을 추구하는 것도 아니고 괴로움을 전적으로 피하는
것도 아니다. 플라톤은 지나친 웃음과 지나친 눈물을 억제하
고, 지나친 기쁨이나 지나친 고통도 억제하며 의젓하게 처신
하라고 말한다. 일에 진전이 없어 무미건조한 삶, 친구나 가
족과 함께할 수 없는 외로운 삶, 진정한 목적이나 목표를 잃
고 방황하는 삶, 돈은 많이 벌지만 오로지 돈과 일에 찌든 삶,
알코올 중독에 빠져 헤어 나오지 못하는 삶, 이게 우리 삶의
전부라면 어떻겠는가. 이런 삶은 얼마나 초라하고 하찮은가!

둘째, 고독한 나 자신과 대면하라

인간이 혼자만의 평온한 시간을 갖지 못하는 가장 큰 이
유는 자기 자신과의 만남을 두려워하기 때문이다. 우리 안에

는 한결같고 변하지 않는 진정한 내가 살고 있다. 자신의 참
모습을 알아채려면 나 자신과의 고독한 만남을 피해서는 안
된다. 플라톤은 『알키비아데스』 1권에서 "영혼도 자신을 알
려면 영혼을 들여다봐야 한다"라고 말한다.

진정한 나의 모습을 찾기 위해서는 분주함이나 산만함과
결별하고 고독한 시간을 견뎌야 한다. 만약 혼자 있는 시간이
싫다면 공원이나 거리로 산책을 나가는 것도 좋다. 홀로 걷다
보면 깊은 사색에 잠길 수 있다. 오랫동안 걷다 보면 몸도 개
운해지고 정신적으로 상쾌한 기분을 느낄 수 있다. 또한 걷는
동안 자연스럽게 나에 대해, 나와 타인의 관계에 대해 수많은
질문이 떠오를 것이다. 그리고 지금 내가 걷고 있는 길이 정
말로 내가 원해서 걷는 길인지 생각하게 될 것이다.

오직 혼자 걷는 동안 나 자신에게 가까이 다가갈 수 있
다. 내가 누구인지, 어떤 것을 원하는지를 다시 한번 깨닫게
되는 것이다. 혼자만의 시간이 더 이상 지루하거나 권태롭지
않고 내면이 맑아지는 경험을 하게 될 것이다.

셋째, 지금의 평온한 상태를 즐겨라

플라톤은 "아무것도 필요하지 않은 자들이 행복하다"라

고 말한다. 즐거움도 고통도 없는 평온한 상태는 우리가 오히려 추구해야 할 마음 상태다. 욕망은 일시적인 만족을 줄 뿐이며 또 다른 즐거움이나 쾌락이 주어지지 않으면 또다시 권태로움을 느끼게 되는 악순환이 계속되기 때문이다.

고대 로마 스토아 철학의 창시자 제논은 죽음을 앞에 두고 감정을 억제한 소크라테스의 가르침과 삶에 큰 영향을 받았다. 스토아 철학자들은 부정적인 감정의 영향으로부터 자유로운 마음 상태인 '아파테이아(apatheia)', 즉 평정심을 얻고 유지하라고 강조했다. 우리는 이러한 평온한 마음을 추구할 때 슬픔, 분노, 불안, 지루함과 같은 부정적 감정에 벗어날 수 있다. 평정심은 고요한 마음과 행복감을 우리에게 선사할 것이다.

쇼펜하우어는 인생을 고통과 권태 사이를 오가는 시계추에 비유했다. 행복을 가로막고 불행으로 이끄는 두 가지 요소가 고통과 권태라는 말이다. 불행을 피할 수 있는 비법이 있다면 그것은 삶의 고통과 권태라는 감정을 얼마나 잘 다스리느냐에 달려 있을 것이다.

굴곡 있는 삶이 무조건 나쁜 것은 아니다. 하던 일이 잘되질 않아 진척이 없을 때, 진정한 목표 없이 방황할 때, 목적의 부재라는 암담한 상황에 맞닥뜨렸을 때 우리가 느끼는 감정은 권태로움일 것이다. 하지만 이때야말로 자신과 대면하기 위해 고독의 시간을 가져야 할 순간이 아닐까. 고독은 나 자신의 가치와 태도를 반성하고 점검하는 시간이다. 또한 고독은 세상일에서 물러나 산만한 마음을 한곳으로 모을 수 있는 내면의 장소다. 그곳에서 자신과 마주할 시간을 충분히 할애한다면, 스스로 행복해질 수 있지 않을까.

4장.

PLATO

Epistēmē

어떻게 더
아름다운 삶을 살 것인가

삶의 권태를
어떻게 벗어날 것인가

에로스의 사다리

PLATO

그리스 신화에서 에로스는 '사랑의 신'으로 알려져 있다. 에로스는 특히 '욕망'을 의미하는 신이다. 에로스의 탄생과 기원에 관해서는 여러 가지 설이 있다. 고대 그리스의 서사 시인 헤시오도스는 『신들의 계보』에서 만물이 카오스에서 시작되었다고 믿었다. 그는 천지 창조의 주역으로 카오스(혼돈), 가이아(대지), 에로스(사랑) 이렇게 세 명의 신을 등장시켰다. 에로스는 가이아와 함께 카오스에서 태어났다.

플라톤의 중기 대화편 『향연』은 『파이드로스』와 같이 에로스, 즉 사랑을 주제로 한다. '향연(symposion)'은 함께 모여 술을 마신다는 뜻이다. 비극 경연에서 처음으로 우승한 아가톤의 집에서 벌어진 향연에 참석한 사람들은 본격적으로 술판을 벌이기 전에 한 가지를 합의한다. 에뤽시마코스의 제안에 따라 에로스를 돌아가면서 찬양해 보기로 한 것이다.

마지막 연설자인 소크라테스는 먼저 에로스의 대상이 무엇인지를 묻는다. 사랑의 대상은 바람직한 삶 자체, 또는 삶의 목표, 목적, 꿈, 돈, 연인 등일 것이다. 에로스는 이렇게 어떤 대상을 원한다. 또한 필연적으로 에로스는 자기에게 결여된 것을 원한다. 결론적으로 어떤 것을 원하는 사람은 자기가 갖고 있지 않은 것, 자기 자신이 아직 아닌 것, 그리고 부족한 것을 욕망한다. 그래서 플라톤은 『향연』에서 에로스가 무엇인지 두 가지로 말한다. 첫째, 에로스는 어떤 것들에 대한 사랑이다. 둘째, 에로스는 현재 자신에게 부족한 것들에 대한 욕망이다. 플라톤은 에로스가 부족하고 결여된 것을 욕망하는 신이 된 이유를 에로스의 탄생 신화와 연결해서 설명한다.

결핍과 방책이라는 두 가지 얼굴

미의 여신으로 사랑의 욕망을 다스리는 아프로디테가 태어났을 때 이를 축하하기 위해 신들이 잔치를 벌였다. 지혜의 신 메티스의 아들 포로스도 그 잔치에 있었다. 방도, 방책의 신 포로스는 부유 또는 풍요를 상징한다.

잔치가 끝날 무렵에 가난의 여신 페니아가 으레 그러하듯 구걸하러 찾아왔다. 포로스는 술에 취해 제우스의 정원에서 잠이 든 상태였는데, 페니아는 포로스의 아이를 가질 작정으로 그 옆에 누워 에로스를 잉태한다. 이렇게 가장 아름다운 아프로디테가 태어난 날 잉태되었기 때문에, 에로스는 그녀의 추종자이자 심복이 된다. 에로스가 본성적으로 아름다운 것을 사랑하게 된 이유가 바로 여기에 있다.

에로스는 포로스의 아들이면서 페니아의 아들이기도 했기에 두 가지 운명에 처한다. 풍요의 신과 빈곤의 신 사이에 태어나 부모의 본성을 모두 나눠 가진 것이다. 에로스는 아버지의 천성을 닮아 아름다운 것과 좋은 것을 얻을 방편을 마련한다. 용감하며 저돌적이고 활기차고 영리한 사냥꾼으로, 언제나 어떤 방책들을 짜내고 전 생애에 걸쳐 지혜를 사랑한다. 반면에 어머니의 천성도 지니고 있어서 결핍과 함께 살았다. 늘 궁핍하고 집도 없어서 대문 밖이나 길 위에서 잠을 잤다. 흔히 생각하는 것과 달리 에로스는 부드러움과 아름다움과는 전혀 거리가 멀었다.

그렇다면 에로스란 무엇인가. 어떠한 본성을 가지고 있

고, 우리 삶에서 어떤 일들을 하는가.

첫째, 에로스는 아름다운 것과 추한 것 사이에 있다

에로스는 결코 아름답지도 추하지도 않고, 궁하지도 않으며 그렇다고 부유하지도 않았다. 불멸과 필멸, 풍요와 빈곤, 아름다움과 추함 그리고 지혜와 무지 사이에 있는 중간적 존재였다. 그래서 플라톤은 에로스가 아름다운 것과 추한 것, 좋은 것과 나쁜 것, 이들 '둘 사이의 어떤 것'이라고 말한다. 둘 사이를 오가며 성장하고 변화하는 상태인 것이다. 무엇을 욕망하느냐에 따라 변화한다.

둘째, 에로스는 필연적으로 지혜를 사랑한다

플라톤은 신들과 지혜로운 자는 이미 지혜롭기 때문에 지혜를 사랑하지도, 욕망하지도 않는다고 말한다. 또 무지한 자들은 무언가 결여됐다는 생각조차 하지 못하므로 지혜를 사랑하지 않고 지혜롭기를 욕망하지도 않는다고 말한다. 그렇다면 지혜를 사랑하는 자는 과연 누구란 말인가?

지혜는 가장 아름다운 것들의 하나이고 에로스(Erōs)는 아름다운 것에 대한 사랑(erōs)이기에 에로스는 필연적으로 지혜를 사랑하는 자입니다. 그렇기에 지혜로운 자와 무지한 자 사이에 있을 수밖에 없습니다.

『향연』204b

에로스는 언제나 아름답고 좋은 것들을 소유하려는 욕망으로 가득했다. 지혜를 사랑하는 자는 바로 에로스다.

셋째, 에로스는 삶의 문제를 해결할 수 있는 도구다

에로스는 우리의 삶을 변화시킬 근본적인 힘을 의미한다. 우리는 에로스의 참된 힘을 어렵지 않게 짐작할 수 있다. 바로 '추동력'이다. 플라톤은 온전한 것에 대한 욕망과 그것에 대한 추구가 에로스라고 말한다. 에로스는 늘 무엇인가가 결여되어 있어 불완전하지만, 동시에 그러한 결핍 때문에 자신이 원하는 것을 성취하고 완성하려고 욕망한다.

우리 삶에 생명력과 활력을 부여해 주는 것은 다름 아닌 에로스다. 가난, 실패, 좌절, 절망 등으로 고통스러울 때가 삶의 최악은 아니다. 최악은 바로 삶에 지루함을 느낄 때다. 삶이 고통스러울 때는 우리 안의 에로스가 그 원인을 없애려 노력한다. 하지만 삶이 권태로워 아무런 감정도 느낄 수 없을 때는 에로스의 힘이 마비된다. 권태와 무관심은 우리의 운명을 바꾸는 에로스의 능력을 짓밟아 버릴 수도 있다.

에로스의 사다리를 타고 오르듯

그렇다면 어떻게 해야 에로스라는 추진력을 강력하게 발동할 수 있을까. 어떻게 해야 권태와 지루함에서 빨리 벗어날 수 있을까.

인간은 자신이 갖고 있지 않은 것을 끊임없이 욕망한다. 욕망한다는 것은 살아 있다는 증거다. 삶이란 어쩔 수 없이 성장하고 변화하는 과정이다. 만약 변화를 멈춘다면 그 순간 우리에게는 죽음이 닥친 것이나 마찬가지다.

그렇다고 해서 우리의 삶이 정해진 방식 없이 제멋대로 성장하고 변화하지는 않을 것이다. 플라톤에 따르면 욕망을 충족하기 위해서는 여러 단계를 거쳐야 한다. 어느 날 갑자기 우리에게 아름다움이나 지혜에 대한 욕망이 생기는 것은 아니기 때문이다.

우리의 삶은 과거의 삶과 현재의 삶이 끝없이 상호작용하는 과정이다. 마치 사다리를 한 계단씩 오르듯이 기존의 삶을 계단 삼아 꾸준히 올라갈 때 성장할 수 있다. 플라톤은 아름다운 몸을 추구하는 삶에서 출발해 궁극적으로 아름다움 자체, 즉 이데아를 직관할 수 있는 삶을 위한 도구로 '에로스의 사다리'를 말했다. 에로스의 사다리는 처음에는 아름다운 육체를, 다음에는 아름다운 영혼과 지식의 세계를 거쳐서 아름다움 자체에 대한 인식으로 올라간다.

누군가를 사랑할 때, 오래도록 간절히 바라던 일을 이룰 때, 누군가로부터 슬픈 마음을 위안받을 때, 다른 사람에 의해 새로운 무언가를 실제로 경험할 때, 우리 안에 무언가가 꿈틀댈 때면 강력한 힘을 느낀다. 마치 추운 겨울이 지나면 언제나 봄의 기운이 약동하는 것처럼, 우리의 마음도 성장하고픈 열정적 욕망으로 되살아난다. 지독하게 권태로운 삶에서 벗어나기 위해서는 생명력 넘치는 모든 것을 관심 어린 눈으로 바라봐야 한다.

당신의 삶은 지금 살아 움직이고 있는가? 만약 너무 바쁜 일상으로 아무런 의욕도, 관심도, 활력도, 사랑도 느끼지 못한다면, 빨리 그러한 상태에 있다는 것을 인식해야 하다. 그리고 인생이라는 계단을 딛고 일어서서 한 발자국을 떼고 올라가야 한다.

　이제 우리가 살아 있다는 증거를 보여줄 때다. 에로스는 우리의 지친 영혼이 아름다움을 바라볼 수 있도록 도와주는 조력자 역할을 한다. 살아 있는 것을 향해 적극적으로 관심을 보이는 에로스의 힘이 특별한 이유다. 그래서 플라톤은 '만약 인간에게 살 만한 곳이 있다면, 아름다움 자체를 관조할 수 있는 이러한 경지야말로 살 만한 곳'이라고 말한 것이 아닐까.

삶은 늘 무언가가 결여되어 있어 불안하지만

그러한 결핍 때문에 무언가를 욕망하며 나아간다.

흔들린다는 건 살아 있다는 증거다.

사랑할 때
가장 강해진다

플라토닉 러브

PLATO

우리는 혼자라고 느낄 때마다 불안한 감정에 시달린다. 외로울 때 의지할 수 있는 존재를 필요로 한다. 그러다 보니 우리 삶에서 사랑과 결혼은 어떤 것보다 진지한 문제가 아닐 수 없다. 과거에는 결혼하지 않고 평생 혼자 지내는 사람을 독신주의자라고 불렀다. 그런데 최근에는 독신주의 대신에 '비혼주의'라는 말을 쓴다. 2022년 통계청 발표에 따르면 결혼할 의향이 없는 비혼주의자들이 국민의 절반 가까이인 46.8퍼센트로 점점 증가하고 있다. 남녀가 결혼하지 않는 가장 큰 이유는 결혼 자금의 부족, 고용 상태의 불안정, 출산과 양육에 대한 경제적인 부담 등이다. 어디에도 구속되지 않고 자유로운 삶을 추구할 수 있다는 것도 비혼의 또 다른 이유로 꼽힌다.

사랑은 자신의 반쪽과 하나가 되고 싶은 욕망

플라톤의 『향연』에서 희극 작가 아리스토파네스는 자신의 짝을 그리워하고 갈구할 수밖에 없는 인간의 운명에 관한 옛이야기를 소개한다.

처음에 인간의 성은 셋이었다. 남성과 여성 그리고 이 둘을 함께 가진 성이 하나 더 있었다. 당시 인간은 등과 옆구리가 둥글어 전체적으로 둥근 형태였다. 네 개의 팔과 네 개의 다리가 있고, 원통형의 목 위에 모든 점에서 닮은 두 개의 얼굴이 있었다.

힘과 체력이 강하고 자부심이 대단했던 이들은 신들을 공격하기 위해 하늘로 올라가려 했다. 제우스와 다른 신들은 이들을 어떻게 해야 할지 논의하면서 당혹스러워했다. 왜냐하면 신들이 인간 종족을 모두 죽인다면 그들이 신에게 바치던 숭배와 제물도 사라질 테니까 말이다. 제우스는 고심 끝에 묘책을 내놓았다. 바로 인간을 둘로 쪼개버리는 것이다. 그렇게 하면 인간의 힘은 약해지고 그 수는 더 많아지므로 신들에게는 더 쓸모 있게 된다는 것이다. 그렇게 제우스는 삶은 달걀을 자르듯 인간들을 둘로 잘랐다.

원래 한 몸이었던 인간들은 자신의 나머지 반쪽을 그리워하며 만나고 싶어 한다. 이들은 어디에 있든지 서로를 알아보고 서로 부둥켜안고 예전처럼 한 몸이 되기를 간절히 원한다. 또한 서로를 향한 그리움 때문에 떨어져 있게 되면 아무것도 하려 하지 않아 결국에는 굶어 죽거나 무기력해져서 죽어가기 시작한다.

왜 지금 사랑이 중요한가

아리스토파네스의 이야기에 따르면 사랑이란 잃어버린 자신의 분신을 찾아 완전함을 회복하려는 욕구다. 그래서 우리는 저 사람이 내가 그토록 찾았던 그 사람이라면서 첫눈에 반할 때, 사랑의 콩깍지에 씌어 결혼을 결심하게 된다.

그런데 오늘날 결혼이 사랑의 도구로서 역할을 제대로 수행하고 있는지 의문스럽다. 결혼한 후 사랑이 식는다면 그 사랑은 어떻게 된 것일까? 사랑해서 결혼한 사람들도 이혼을

택한다. 사랑해서 결혼한 사람과 사랑 없이 사는 것만큼, 고통스러운 삶도 없을 것이다. 이것이 사랑과 결혼의 딜레마다. 사랑한 만큼 증오하고, 증오한 만큼 사랑할 수밖에 없는 인간은 사랑의 덫에 걸려 옴짝달싹할 수 없다.

그럼에도 왜 우리는 시도 때도 없이 상처받으면서도 또 사랑의 늪에 빠지고 말까. 왜 우리에게 사랑은 항상 중요한 것일까.

첫째, 영혼이 아름다울 수 있도록 노력한다

잘 알려져 있듯이 '플라토닉 러브'라는 개념은 플라톤의 이름에서 유래했다. 육체적이고 관능적인 사랑과 대비되는 순수하고 정신적인 사랑을 의미한다. 그렇다면 플라톤은 왜 플라토닉 러브를 더 중요하게 생각했을까?

플라톤은 『알키비아데스』 1권에서 육체보다는 영혼에 대한 사랑을 강조한다. 누군가의 육체를 사랑한다면 그를 사랑하는 게 아니라는 것이다. 그의 영혼을 사랑해야 진정한 사랑이다. 왜냐하면 그의 육체를 사랑하는 사람은 그 아름다움이 시들고 나면 결국 그의 곁을 떠날 것이기 때문이다. 그래서 플라톤은 영혼이 최대한 아름다울 수 있도록 노력하라고 말한다. 영혼을 사랑한 사람은 절대로 곁을 떠나지 않는다.

사랑에 대한 헛된 환상에 빠져 결혼하면 불행할 수밖에 없다. 진정한 사랑의 가치를 알지 못한다면 상대방의 진짜 본모습을 알아보지 못할 수 있다. 결혼 배우자를 고를 때 집안, 학벌, 외모, 직업, 경제력, 집, 자동차 등 외적인 조건만을 따지는 경우다. 돈으로 사랑까지 살 수는 없다. 상대방의 외적인 조건이 갑자기 사라지면 그 사랑도 온데간데없이 사라져버릴 것이다.

둘째, 사랑은 우리를 영원히 살게 한다

모든 인간은 반드시 죽을 수밖에 없는 존재다. 그런데 본능적으로 영원한 삶을 꿈꾼다. 죽지 않을 방책은 있다. 자식을 출산하는 것이다. 그래서 플라톤은 사랑의 목적이 '생식'에 있다고 말한다. 사랑은 후손을 낳아 죽지 않기 위한 방책이라는 것이다.

쇼펜하우어에 따르면 인간에게는 세 가지 욕망이 있다. '자기보존 욕망'과 '종족 보존 욕망' 그리고 '권태에서 벗어나려는 욕망'이다. 자기보존 욕망인 식욕과 종족보존 욕망인 성욕은 인간의 가장 강력한 욕망이다. 특히 쇼펜하우어는 남녀간의 사랑은 결국 성욕의 표현이며 자신의 자식을 만드는 데 목적이 있다고 본다.

우리에게는 사랑이 필요하다

우리의 몸은 중년 이후 눈에 띄게 노화의 속도가 빨라진다. 노화를 방지하기 위해 헬스클럽에 등록도 하고, 항산화제도 먹고, 건강식을 챙겨 먹기도 하고, 피부관리도 받곤 한다. 하지만 생물학적 노화를 피해 갈 수는 없다.

나의 머리카락, 피부, 뼈, 피 그리고 몸 전체는 늘 생성과 소멸을 반복하고 있다. 결국 언젠가 나의 몸은 더 이상 새로워지지 못하고 사라지는 날이 올 것이다. 인간은 죽음을 극복하기 위해 노력해 왔다. 항노화 의학의 발달로 노화를 극복하고 젊음의 활력을 오랫동안 유지할 수 있다면 얼마나 좋을까? 하지만 이번 세기 내로는 항노화와 죽음을 극복하기 어렵다는 견해가 지배적이다.

플라톤은 '모든 필멸의 존재는 자기를 닮은 젊은 것을 뒤에 남김으로써 보존된다'라고 말했다. 플라톤에 따르면 결국 인간이 영원한 삶을 누릴 방법은 두 가지밖에 없다. 하나는 육체적인 잉태로 사랑을 통해 자식을 낳는 것이고, 다른 하나는 정신적인 잉태로 영혼이 지혜와 미덕을 낳는 것이다. 정신적 잉태로 널리 존경받는 시인 호메로스와 헤시오도스처럼 그들이 남긴 작품을 통해 불멸하는 것이다. 우리는 영원히 불멸하기 위해서 아이를 낳거나 자신의 이름으로 된 책이나 그림과 같은 작품을 남긴다.

독일 철학자 칸트는 대륙의 합리론과 영국의 경험론이라는 서양 근대 철학의 큰 흐름을 종합한 작품들을 남겼다. 결혼은 하지 않고 평생 독신으로 살았는데, 그에 관한 흥미로운 에피소드가 있다. 어느 날 칸트는 마음에 드는 한 여성으로부터 청혼을 받는다. 그는 그녀에게 결혼에 대해 한번 생각해보겠다고 대답한다. 칸트는 결혼해야 할 이유와 하지 말아야 할 이유에 대해 철저히 검토한다. 그렇게 그녀와의 결혼에 대한 354가지의 긍정적인 면과 350가지의 부정적인 면을 밝혀낸다.

칸트에게 결혼은 해도 그만, 안 해도 그만이었다. 하지만 그는 긍정적인 면이 네 가지 더 많아 결혼하기로 결심한다. 그리고 자신에게 청혼했던 여자의 집을 찾아간다. 그런데 그녀는 이미 결혼해서 두 아이의 엄마가 되어 있었다. 칸트가 청혼을 받아들일지 말지 7년 동안이나 고민했기 때문이다.

결국 독신으로 살며 아이 대신 자신의 이름으로 된 책을 남겼다.

사랑하는 존재 없이 살아가는 삶이 행복할까? 힘들 때 슬픔을 나눌 사람도, 원하는 일을 성취했을 때 함께 기뻐할 사람도 없다면 행복을 누리기 어려울 것이다. 아이를 낳아 영원히 살아가기를 꿈꾸지 않는다 해도 삶에는 사랑이 필요하다. 제우스에 의해 쪼개진 나의 반쪽을 찾아 완성할 때, 사랑하는 사람과 함께할 때 우리는 더욱 강해진다. 당신에게는 조건 없이 서로의 영혼을 사랑하는 존재가 있는가?

사랑이란 잃어버린 자신의 분신을 찾아

완전함을 회복하려는 욕구다.

인간은 사랑할 때 가장 강해진다.

따라 하는 삶은
어떤 문제도 해결하지 못한다

미메시스

PLATO

"별이 반짝이는 밤하늘은 늘 나를 꿈꾸게 한다."

네덜란드의 '영혼의 화가'라 불리는 빈센트 반 고흐가 동생 테오에게 보낸 편지에서 한 말이다. 그는 반짝이는 밤하늘을 그려 「별이 빛나는 밤에」라는 유명한 작품을 남겼다. 이 작품에서 반 고흐는 고갱과 다투고 헤어진 뒤 고통스러운 심정을 휘몰아치는 밤하늘로 표현했다.

반 고흐는 예술을 어떻게 바라보았을까? 그는 '예술은 끈질긴 작업, 지속적인 관찰이 필요하다'라고 말한다. 그렇게 해야 사물의 핵심에 도달할 수 있다는 것이다. 그래서 반 고

빈센트 반 고흐 「별이 빛나는 밤에」

흐는 '그림에서 자신이 표현하고 싶은 것은, 감상적이고 우울한 것이 아니라 뿌리 깊은 고뇌'라고 말한다. 그는 그림을 통해 자신이 정말 격렬하게 고뇌하고 있다는 감정을 전달하고 싶어 했다.

　사람을 감동시키는 그림을 그리고 싶었던 반 고흐에게 예술은 사람들의 감수성을 훈련시키는 도구였다. 그렇다면 예술이란 무엇일까? 무엇이 훌륭한 예술일까?

　서양 철학에서 예술을 최초로 등장시킨 철학자는 플라톤이었다. 그런데 플라톤은 예술을 '미메시스(mimēsis)', 즉 모방이라고 보고 비판했다. 플라톤은『국가』10권에서 모방예술의 위험성에 대해 말한다.

> 회화는 하나하나의 대상에 대해 무엇을 목표로 하는가? 존재
> 하는 것을 있는 그대로 모방하는가, 아니면 겉으로 보이는 것
> 을 보이는 대로 모방하는가? 다시 말해 이것은 현상의 모방인
> 가, 아니면 진리의 모방인가?
>
> 『국가』10권 598b

그는 심지어 예술가들을 모방자라고 부르며, 시인을 이상 국가에서 추방해야 한다고 말한다. 왜 플라톤은 모방에 부정적 태도를 보인 것일까?

현상의 모방인가, 진리의 모방인가

플라톤과 그의 제자 아리스토텔레스는 모방이라는 개념을 서로 다르게 해석한다. 모방과 예술에 대한 두 사람의 태도를 비교해서 살펴보자.

예술은 모방의 모방이다 vs 자연을 매개로 한 창작이다

플라톤은 예술을 '모방의 모방'이라고 본다. 그는 『국가』 10권에서 이데아론을 바탕으로 모방이 과연 무엇인지 설명한다. 플라톤은 침대를 '침대의 이데아', '목수가 만든 침대', '화가의 작품인 침대' 이렇게 세 종류로 구분한다.

첫 번째 침대는 신이 만든 것으로, 모든 침대의 이데아다. 두 번째 침대는 목수가 만든 현실 세계의 침대다. 그리고 세 번째 침대는 목수가 만든 침대를 화가가 보고 그린 예술 작품이다. 목수는 신이 창조한 침대를 모방한 것이고, 목수가 만든 침대를 그린 화가는 침대의 이데아를 모방한 침대를 모방한 것이다. 플라톤은 화가가 그린 침대는 본질에서 세 단계나 멀리 떨어져 있으므로 진실이 아니라고 말한다. 그가 예술을 이중의 모방으로 간주한 이유가 여기에 있다.

예술은 실재를 있는 그대로 모방한 것이 아니라, 보이는 것을 보이는 그대로 모방한 것이다. 다시 말해 예술은 이데아를 모방한 현실을 다시 모방한 '모방의 모방'이다. 결국 진리의 겉모습만 보여주는 예술가들은 플라톤이 제시한 이상 국가에서 설 자리가 없게 된다. 비극 작가도 마찬가지다.

예를 들어 첫 번째로 '부모와 자식 간의 사랑'이라는 이데아가 있다면, 두 번째로 사랑을 주고받는 부모와 자식의 현실 세계의 모습이 있고, 세 번째로 그 모습을 그림으로 그린 작품이 있다. 작품에는 화가의 해석과 관점이 담길 수밖에 없기에 이데아 그 자체를 표현한 것으로 볼 수 없다는 게 플라톤의 생각이다.

아리스토텔레스는 플라톤과 다르게 아름다움의 본질을 초월적인 세계가 아니라 현실 세계에 있는 개별 사물에서 찾으려 했다. 예술은 감각적으로 경험하는 삶에 대한 사실적 모방이나 재현에 그치는 것이 아니라, 사물 안에 들어 있는 보편적 진리를 표현하는 수단이라는 것이다.

그래서 그는 『시학』에서 '시인은 일어날 수 있는 보편적인 것을 이야기한다는 점에서 실제 일어난 개별적인 사건들을 이야기하는 역사가보다 더 철학적이고 더 고귀하다'라고 말한다. 아리스토텔레스에게 모방이란 플라톤이 말한 것처럼 사물의 보이는 모습 그대로의 재현이 아니라 예술가가 자연을 매개로 한 창작이다.

모방은 열등한 것을 낳는다 vs 배움의 시작이다

플라톤은 시인이나 화가는 실제로 자신이 모방한 사물에

관해 의견만 가질 뿐이고 지식이 없다고 말한다. 그는『이온』에서 시인들이 시를 언어로 표현하는 것은 전문적 기술에 의해서가 아니라 신적인 힘, 즉 영감에 의해서 대상을 모방하는 것이라고 말한다. 예술가는 대상에 대한 체계적인 지식이 없기 때문에 올바른 지식과 지혜를 제공하지 못한다는 것이다.

반면에 아리스토텔레스는 인간은 예술을 바라보며 쾌감과 함께 배움을 시작한다고 말한다. 그는『시학』에서 인간은 어릴 때부터 무엇보다도 모방하려는 성향이 있다고 말한다. 인간은 다른 동물과 다르게 모방을 통해 지식을 습득하고, 모방한 것들에서 쾌감을 느낀다는 것이다. 또한 사람들은 그림을 보면서 '이건 바로 그 사람을 그린 것이구나' 하고 배우게 된다. 그림을 보고 쾌감을 느끼는 이유가 바로 여기에 있다. 아리스토텔레스에 따르면 모방은 인간의 본성이자 예술의 본질이다.

예술은 비이성적으로 만든다 vs 카타르시스를 준다

플라톤은 예술이 인간의 감정과 욕망의 부분을 자극해서 이성적인 부분을 훼손한다고 말한다. 예를 들어 비극은 타인의 불행을 보면서 연민의 정을 강하게 만드는데, 우리 자신에게 불행이 닥쳤을 때 그러한 연민을 억제하기가 쉽지 않다는 것이다. 시를 통한 모방은 결국 영혼 안의 애욕과 분노 등과 같은 고통과 즐거움을 주는 것들이 우리를 지배하고 영혼의 주인이 되게 만든다. 그래서 플라톤은 시인을 우리의 이상 국가에서 추방해야 한다고 말한다.

반면에 아리스토텔레스는 『시학』에서 비극은 연민과 공포라는 감정을 불러일으켜 그러한 감정에 대한 '카타르시스(katharsis)'를 행하게 한다고 말한다. 비극의 경우 연민과 공포라는 감정을 이끌어낸 후 그러한 자신의 감정을 정화하고 배출하는 데 목적이 있다는 것이다.

고통에 대항할 것인가, 끌려갈 것인가

플라톤은 『국가』에서 우리를 상반된 방향으로 이끄는 두 요소가 있다고 말한다.

고통에 대해 저항하도록 그에게 명령하는 것은 이성과 법이지만, 그를 슬픔으로 몰아넣는 것은 감정이 아니겠는가?

『국가』 604a~b

우리가 불행한 일을 당했을 때 이성은 '되도록 침착하라', '화를 내지 않는 것이 상책이다' 하며 슬픔에 대항하라고 지시한다. 결과가 좋을지 나쁠지 분명하지 않을뿐더러 슬퍼하거나 화를 내봤자 사태는 진전되지 않기 때문이다. 길게 보면 인간사에서 고심할 가치가 있는 것도 없다. 괴로움에 빠지면 신속하게 필요한 도움을 받는 데 오히려 방해가 된다.

반면에 비이성적인 감정들은 우리를 고통에 대한 기억 쪽으로 그리고 비탄 쪽으로 이끈다. 플라톤은 비극이 감정에 호소해 이성적 부분을 약하게 만든다고 본 것이다. 하지만 아리스토텔레스는 비극이 오히려 감정을 눈물로 깨끗하게 씻어줌으로써 영혼을 치유한다고 보았다.

한 가지 중요한 사실은 플라톤이 모든 예술가를 비판한 것은 아니라는 것이다. 그가 이상 국가에서 쫓아내려고 했던 예술가들은 지혜를 추구하지 않고 단순히 모방만 일삼는 자들이었다. 그래서 플라톤은 시가 즐거움을 줄 뿐만 아니라 유익하다면 시에 대해 호의적일 수 있다고 말한다. 시가 교육을 받은 사람들은 아름다운 것들을 욕망하고 추구하는 훌륭한 혼을 소유한다. 플라톤이 시가 교육이 가장 중요하다고 말한 이유가 바로 여기에 있다.

살아가면서 타인을 모방하지 않을 수는 없다. 우리보다

앞선 철학자와 예술가들이 남기고 간 발자취를 따라 삶의 지혜를 배워야 발전할 수 있다. 모방을 통해 창조적인 삶을 이룰 수 있다. 하지만 맹목적으로 타인과 똑같아지려고 행동하다 보면 해결되지 않는 문제들 앞에서 난처해질 수 있다.

이 세상의 모든 문제를 해결해 줄 수 있는 정답 같은 것은 없다. 우리는 주위에서 누가 어떻게 해서 성공했다거나, 하루아침에 백만장자가 되었다거나, 주식이나 코인 투자를 해서 큰돈을 벌었다는 이야기를 수없이 듣는다. 하지만 우리가 자신만의 개성을 찾지 못하고 다른 누군가의 복제품이 된다면, 늘 제자리에 맴돌거나 결국에는 도태될 수밖에 없다. 다른 사람을 부러워하거나 맹목적으로 모방할 필요가 없다. 칸트는 『순수이성비판』에서 다음과 같이 말했다.

"결코 철학을 배울 수 없으며, 이성과 관련해서는 기껏해야 철학함을 배울 수 있다."

그가 말한 '철학함'이란 다른 사람의 철학을 흉내 내지 않고 자기 이성을 스스로 사용하는 것을 배운다는 의미다. 어떤 경험이든 그 나름대로 매력을 지니고 있으므로 나만의 철학이라는 세계를 창조해야 한다.

우리는 잘 사는 법을
이미 알고 있다

상
기
론

PLATO

플라톤이 살던 시대의 사람들은 영혼이 저승에서 온다고 믿었다. 한 사람이 태어난다는 건 저승에 있던 혼이 어떤 삶을 살지 선택한 후에 이승으로 오는 일이라는 것이다. 그런데 이 세상에 태어나기 위해서는 저승과 이승의 경계인 '레테'라는 들판, 즉 '망각의 들판'을 꼭 지나가야만 했다. 혼들은 무섭도록 이글거리며 숨이 막히게 하는 무시무시한 더위를 뚫고 망각의 들판으로 나아갔다. 이곳은 나무도 없고 땅에서 자라는 것이라곤 아무것도 없는 장소다.

망각의 들판에는 어떤 그릇으로도 담을 수 없는 '무심의 강', 즉 '망각의 강'이 흐르고 있다. 그 강 옆에서 야영하던 혼들은 타는 듯한 갈증으로 목마름을 느껴 결국 그 강물을 마셨다. 혼들은 망각의 강물을 일정한 양만큼 마셨다. 그런데 지혜롭지 못한 혼들은 훨씬 많이 마셨다.

그 물을 마신 자는 누구나 저승에서 있었던 일을 모두 잊어버렸다. 바로 망각의 강 신화다. 강물을 적당히 마신 혼은 지혜로운 인간으로 태어나지만 너무 많이 마신 혼은 어리석은 인간으로 태어난다는 비유다.

우리는 태어나기 전 모든 것을 잊어버렸고, 아무것도 모른 채 이 세상에 떨어졌다. 그래서 우리 삶이 힘든 게 아닐까? 삶이 힘든 이유는 해야 할 일이 많아서가 아니라 의미를 발견하지 못해서일 것이다. 삶 자체가 힘든 게 아니라 마음이 힘든 것이다.

어떤 것에도 관심이 없고 호기심도 없을 때, 누구를 만나 관계를 맺을 여력도 없고 무언가를 배울 의지도 없을 때 삶은 더 이상 성장하지 못하고 멈춰버린다. 이렇게 멈춘 삶을 한 단어로 말하면 '나태함'이다. 물론 아무것도 하지 않아도 된다. 쇠사슬에 묶인 동굴의 죄수처럼 현실에 안주하며 앞만 바라보고 그냥 살아도 된다. 그러나 자기 자신을 찾으려는 의지가 없는 사람에게는 누구도 행복을 건네줄 수 없다.

나태함으로부터 벗어나 다시 나아가고 싶다면 이제 나

자신과 만나려는 모든 노력을 기울일 때가 온 것이다. 익숙하고 편안하고 나태한 삶과 결별하고 '자기 발견'이라는 새로운 실험을 할 때다.

우리 영혼이 이 세상에 오기 전에, 자기 삶을 스스로 선택한 것이 사실일까? 만약 그렇다면 우리가 계획했던 것들은 무엇일까? 그리고 나에게로 나아가는 그 길을 어디에서 찾을 수 있을까? 누가 진정한 나, 무의식 속에 있는 나와 만나는 그 길을 알려줄 것인가.

알고 태어나는가, 태어난 뒤에 배우는가

플라톤의 상기론을 통해 우리는 이미 그 길을 알고 있다고 말한다. '상기(想起)', 즉 '아남네시스(anamnēsis)'라는 용어는 '잊어버렸던 것을 기억해 내는 것'을 의미한다. 플라톤은 『국가』에서 자신의 상기론을 설명하기 위해 신화 한 편을 소개한다. 바로 그 유명한 망각의 강 이야기다.

인간의 영혼은 육체라는 감옥에 갇히기 전까지 저승에 있었다. 그리고 신들 곁에서 진리의 세계인 이데아의 세계를 보았다. 하지만 영혼들은 이승에 오며 망각의 강물을 마시고 그때 보았던 이데아를 잊어버린 것이다.

플라톤은 우리 영혼이 육체와 결합하면서 그 이데아의 세계를 망각하게 되었고, 우리 앞에 펼쳐지는 현실 세계에서 시각이나 청각과 같은 감각적 지각을 통해 자극을 받으면서 그 이데아를 기억할 뿐이라고 말한다. 이것이 바로 이데아론과 함께 플라톤 철학에서 중요한 또 하나의 축을 이루는 상기론이다. 플라톤은 『파이돈』에서 다음과 같이 질문을 한다.

> 그렇다면 심마아스! 자네는 어느 쪽을 선택하겠나? 우리가 알고 있는 상태로 태어나는 쪽인가, 아니면 우리가 이전에 알고 있던 지식의 대상을 나중에 상기한다는 쪽인가?
>
> 『파이돈』 76a~b

진리를 뜻하는 그리스어 '알레테이아(alētheia)'는 부정 접두어 'a'와 망각을 의미하는 'lēthē'의 복합어다. 진리를 인식한다는 것은 망각 상태에서 벗어난다는 뜻임을 짐작할 수 있다.

플라톤의 상기론에 따르면 이데아라는 개념은 태어나면서부터 잠재적으로 가지는 본유관념 또는 생득관념이다. 따라서 플라톤은 우리가 이데아를 상기하려면 감각적인 경험이 아니라 순수한 정신에 의존해야 한다고 말한다. 이러한 플라톤의 본유관념은 서양 철학사에서 17세기에 합리론과 경험론의 대결 구도로 대두되었다. 인간의 '앎은 어디에서 비롯되었는가'라는 다음과 같은 질문에 근대 철학의 합리론과 경험론은 상반된 답을 내놓았다.

"우리는 어디에서 진리를 발견할 수 있을까?"

"우리가 무엇을 알 수 있다는 것은 어떻게 가능한가?"

"우리는 어떻게 알 수 있는가?"

나는 생각한다, 그러므로 나는 존재한다 : 합리론

근대 철학의 아버지라고 불리는 르네 데카르트는 합리론의 대표적인 철학자다. 그는 '우리가 진정으로 확실하게 알 수 있는 것이 무엇인가'라는 질문에 사로잡혀 있었다. 그래서 데카르트는 의심할 여지가 없는 확실한 지식을 탐구하기 위해 모든 것에 대해 의심하기 시작했다. 이것이 불확실한 모든 지식을 의심해 과감히 제거하고, 더 이상 의심할 수 없는 참된 진리를 찾고자 하는 '방법적 회의'이다.

그런데 그는 아무리 의심해도 지금 내가 무엇인가 생각하고 있다는 사실만은 의심할 수 없다는 생각에 도달했다. 다시 말해 우리가 무엇을 생각할 때 생각하고 있는 내가 존재하고 있다는 사실만은 의심할 수 없다는 것이다. 그것이 바로 그의 『방법서설』이라는 책에 있는 제1원리, "나는 생각한다, 그러므로 나는 존재한다(Cogito, ergo sum)"라는 명제다.

데카르트는 이러한 '생각하는 나', 즉 '코기토(Cogito)'를 통해서 신 중심의 중세 철학에서 인간 중심의 근대 철학의 문을 열었다. 그는 인간이 가지고 있는 관념을 세 종류의 관념으로 분류했다. 인간 자신이 만들어낸 '인위관념'과 경험을 통해 외부로부터 온 '외래관념'과 태어나면서부터 가지고 있는 '본유관념'이다. 본유관념 또는 생득관념은 '생각하는 나', 즉 인간의 이성 안에 잠재적으로 내재하고 있다는 것이다.

인간의 마음은 빈 서판과 같다 : 경험론

영국 경험론의 대표적인 철학자 존 로크는 '인간의 마음은 빈 서판과 같아서 타고난 관념은 없다'라고 생각했다. 태어날 때 인간의 마음은 아무것도 쓰이지 않은 석판과 같다는 것이다. 로크는 빈 서판이라는 개념을 통해 인간은 백지로 태어난 후 경험을 통해 지식을 얻는다는 경험론을 주장했다. 어떤 글자도 적혀 있지 않은 백지처럼 어떠한 관념도 없이 태어난다는 것이다.

로크의 철학은 '인간은 수학, 진리, 신에 관한 관념을 가지고 태어난다'라는 르네 데카르트의 본유관념을 부정한다. 왜냐하면 로크는 '인간은 이성과 지식의 모든 재료를 후천적으로 얻어지는 경험에 의존하고 있다'라고 생각했기 때문이다. 결국 경험론은 인간에게 선천적 앎이 있다는 생각을 부정하고 오로지 '후천적 경험에 바탕을 둔' 지식을 중시한다.

로크의 빈 서판론은 플라톤의 상기론과 정반대 입장이다. 앎은 선천적으로 타고난 것이 아니라 후천적으로 획득하게 된다는 경험주의적 시각이기 때문이다.

배움이란 진정한 앎에 이르는 하나의 과정이다

플라톤은 상기론에서 우리의 정신이 배움을 통해 망각되었던 이데아를 떠올릴 수 있다고 말한다. 상기론에서 망각이란 텅 빈 마음의 상태를 의미하는 것이 아니다. 그것은 진정한 앎으로 전환될 수 있는 잠재적 상태다. 왜냐하면 완전한 무지라면 그러한 무에서 확실한 앎으로 나아가는 것이 불가능하기 때문이다.

만약 우리가 태어나기 전에 지식을 얻었다가 태어나면서 잊어버렸지만, 나중에 감각들을 이용해서 이전에 우리가 가지고 있던 그 지식을 다시 얻게 된다면, 우리가 배운다는 것은 우리 자신의 것이던 지식을 되찾는 일 아니겠는가? 그러니 배움은 상기하는 것이라고 한다면 옳게 말하는 것 아니겠는가?

『파이돈』 75e

플라톤은 『파이돈』에서 "우리가 '배움'이라고 부르는 것을 '상기'라고 부르는 것이 옳지 않을까"라고 물어본다. 그렇다면 상기론 입장에서 바라본 배움이란 무엇일까?

첫째, 자기 안의 지식을 스스로 되찾는 과정이다

플라톤의 상기는 저절로 이루어지지 않는다. 잊어버렸던 것들을 상기해 되찾으려면 특별한 방법이 필요하다. 바로 앞서 살펴본 소크라테스의 문답법이다. 플라톤은 『메논』에서 '아무도 가르쳐주지 않고 질문할 뿐인데도 스스로 저 자신에게서 앎(지식)을 되찾는 것이 상기하게 되는 것'이라고 말한다. 배움이란 단순하게 새로운 지식을 쌓거나 정보를 습득하는 과정이 아니다. 누군가 외부에서 지식을 주입하는 것이 아니라 질문을 통해 자기 안에 있는 지식을 스스로 되찾는 과정인 것이다.

그런데 플라톤은 왜 새로운 것을 배울 필요가 없다고 했을까? 플라톤의 '영혼 불멸설'에서 그 이유를 찾을 수 있다. 우리의 영혼은 불멸하면서 여러 번 태어났고, 이승과 저승의 모든 것들을 다 보았고, 모든 것을 배웠기 때문이다. "하나를 보면 열을 안다"라는 속담처럼, 하나라도 상기한다면 그 사람이 다른 모든 것을 알아내는 것을 막을 수 없다는 것이다.

둘째, 무한한 잠재력을 끌어내는 과정이다

플라톤은 진리를 발견하는 데 있어서 신체 기관으로 얻어지는 감각적인 경험은 배제했다. 왜냐하면 눈에 보이는 것, 귀에 들리는 것, 손으로 만져지는 것들이 전부가 아닐 수 있기 때문이다. 하지만 감각, 즉 오감을 훈련하면 잊어버린 지식을 되찾는 데 도움이 된다고 말했다. 그는 『파이돈』에서 '우리가 태어나는 순간 이데아에 관한 지식을 잃어버렸지만, 나중에 적절한 감각 훈련을 통해서 전에 갖고 있던 지식을 되찾는 것이 배움이고 상기'라고 말한다. 여기서 플라톤이 말한 적절한 감각 훈련이란 바로 경험일 것이다. 경험은 오감을 통해 느끼는 모든 것, 기쁨과 슬픔이라는 감정을 통해 느끼는 모든 것이다.

상기는 다양한 경험을 통해 탐구하고 배움으로써 자신 안에 있는 무한한 잠재적 가능성을 찾는 과정이다. 삶에서 중요한 것은 스스로 자기 자신을 발견하는 일이다. 내면에 있는 자기는 우리가 이 세상에 온 이유를 알려줄지도 모른다. 그곳에는 분명 무한한 잠재력이 있다.

그런데 아무도 내적 자아와 만나는 그 길은 알려주지 못한다. 왜냐하면 그 길을 아는 사람은 나밖에 없기 때문이다. 우리는 끊임없이 스스로 질문하며 내면에서 고동치는 자아를 향해 나아갈 수밖에 없다. 아무에게도 묻지 말고 그저 걸어가라. 오로지 나만이 그 길을 발견할 수 있다.

모든 상기는 탐구와 배움에서 시작된다. 우리는 새로운 경험과 그 경험들로 인한 변화에 항상 마음을 열어놓아야 한다. 그러한 마음이 바로 외부 세계의 자극을 받아들이고 느끼는 감수성이다. 감수성이란 마음이라는 거울에 쌓인 먼지를 계속해서 털어내고 닦아내는 감정을 말한다.

만약 마음이라는 거울 위에 먼지를 털어내지 않는다면 내면을 향한 눈은 멀고 말 것이다. 우리는 이미 우리 삶을 충

만하게 만드는 방법을 알고 있다. 태어나면서 잊어버렸을 뿐
이다. 이 방법을 다시 기억해 내려면 내면의 목소리에 귀를
기울여야 한다. 명상, 기도, 인문학 공부는 혼의 눈을 맑게 유
지하며 감수성을 키우는 데 유용하다. 많은 경험과 풍부한 감
수성을 소유한 사람만이 빠르게 내적 성장을 할 수 있다.

　우리는 이데아 세계에 있는 아름다움 자체, 진리 자체,
사랑 자체와 같은 형상 자체를 붙잡아 둘 수는 없다. 단지 내
면이라는 거울에 아름다운 삶, 참된 삶, 그리고 진정으로 사
랑하는 삶을 그리며 그 이데아의 세계에 참여할 수 있을 뿐
이다.

우리는 삶에
얼마나 집착하고 있는가

절
제

우리는 자신의 욕구에 따라 무엇이든 자유롭게 선택할 수 있는 소비사회에 살고 있다. 챗-GPT, 메타버스, VR 등 디지털 기술의 발전은 완전히 새로운 경험을 제공하고, 페이스북이나 인스타그램 같은 소셜미디어는 전 세계의 사람들과 서로의 생활을 공유하고 관계 맺게 한다. 유튜브와 넷플릭스 등 OTT 플랫폼은 인터넷만 연결하면 스트리밍 서비스, 온라인 게임, 디지털 음악 등으로 무한한 콘텐츠를 제공한다. 우리는 언제 어디서나 스마트폰만 있으면 실시간으로 원하는 지식과 정보에 접근할 수 있다.

하지만 이러한 디지털 세상은 끊임없이 우리의 욕망을

자극해 빠져들게 한다. 잠들기 전에 잠깐만 유튜브를 보려 했다가 몇 시간이 지난 뒤에야 간신히 빠져나오는 식이다. 알고리즘이 우리의 관심 분야를 읽고 콘텐츠를 찾아주면서 계속해서 업데이트되는 탓이다. 영화나 드라마 시리즈, 게임도 마찬가지다. 딱 한 편만 더, 딱 한 판만 더 하다가 밤을 꼴딱 새운 적이 얼마나 많은가. 디지털 플랫폼의 최종 목적은 시청 시간을 높여 광고 등의 수익을 극대화하는 것이기에 공급자는 의도적으로 어떤 이용자든 중독될 수밖에 없도록 알고리즘을 고안한다. 이용자는 자신도 모르는 사이에 서서히 중독되는 것이다.

오늘날 현대인은 감당하지 못할 정도로 너무나 많은 디지털 유혹에 자극받고 있다. 계속해서 밀려오는 지식과 정보, 오락물 가운데 어떤 것이 나에게 필요하고 필요하지 않은지 구분하기가 힘들어졌다. 유혹의 시대를 살아가는 우리에게 가장 필요한 것은 무엇일까.

유혹이 흘러넘치는 풍요의 시대

톨스토이는 『고백록』에서 옛날부터 전해오는 동양 우화

를 소개한다. 어떤 여행자가 벌판에서 성난 맹수에게 공격받고 물이 마른 우물 속으로 뛰어들었다. 그런데 우물 밑바닥에는 그를 삼키려 입을 벌리고 있는 용이 있었다. 그 여행자는 맹수에게 잡아먹힐까 두려워 우물 밖으로 나오지 못했다. 또한 용에게 잡아먹힐까 두려워 우물 바닥으로 뛰어내리지도 못했다. 그는 우물 벽 틈에서 자라난 가느다란 나뭇가지 하나에 매달린 채 가까스로 버티고 있었다.

그때 흰 쥐와 검은 쥐가 그가 매달려 있는 나뭇가지를 한 바퀴 돌더니 갉아 먹기 시작했다. 머지않아 나무줄기가 끊어진다면 그는 바닥에 있는 용의 입 속으로 떨어질 것이었다. 그러면서도 그는 나뭇가지에 매달린 채 잎사귀에 있는 꿀 몇 방울을 발견하고 혀를 내밀어 핥아 먹었다.

톨스토이는 이 우화가 누구나 알고 있는 우리 인생의 모습이라고 말한다. 우리는 죽음이라는 용의 입속으로 언제 떨어질지 모른 채 삶이라는 나뭇가지에 매달려 있다. 그리고 낮과 밤을 의미하는 흰 쥐와 검은 쥐가 우리 삶을 갉아먹고 있는 줄도 모른 채, 나무 잎사귀 끝에 있는 쾌락이라는 꿀을 핥아 먹으며 스스로 위안한다.

이 우화는 우리가 죽음을 향해 달려가고 있는지도 모른 채 삶에 얼마나 집착하고 있는지를 보여준다. 삶이 주는 즐겁고 재미있는 것들이 모두 기만이며 어리석은 유혹에 지나지 않는다는 사실을 깨닫지 못한다. 온갖 유혹이 흘러넘치는 풍요의 시대에 우리는 어떻게 해야 헛된 욕망에서 자유로워질 수 있을까.

어떻게 삶의 중심을 지킬 것인가

플라톤은 『프로타고라스』에서 고대 그리스의 일곱 현인이 함께 모여 델포이 신전의 아폴론에게 자신들의 지혜의 첫 수확을 봉헌했다고 말한다. 그들이 그곳에 새긴 금언은 누구나 다 아는 '너 자신을 알라'와 '그 어떤 것도 지나치지 않게'였다. '너 자신을 알라'는 앞서 살펴본 것처럼 자기 자신이 무엇을 알고 무엇을 모르는지를 자각하는 것이다. 그리고 '그 어떤 것도 지나치지 않게'라는 금언은 '절제'를 의미한다.

그런데 두 금언은 상관관계에 있다. 플라톤은 『카르미데스』에서 절제는 스스로 자기 자신을 아는 것이라고 이해했다. 절제하려면 자기 자신의 몸과 영혼이 어떤 상태에 있는지를 알아야 하기 때문이다. 따라서 플라톤에 따르면 자기 자신을 잘 아는 것이 절제고, 모르는 것이 무절제다.

그러니까 자기가 무엇을 알고 무엇을 모르는지를 아는 것이 절제 있음이며, 절제이고, 자기 자신을 아는 것이요. 이것이 그대가 말하는 것인가?

『카르미데스』 167a

플라톤은 『법률』에서 사람들이 절제 없는 삶을 사는 이유를 무지와 무절제에서 찾는다. 그런데 오늘날 넘쳐나는 자극은 몸이 반응하게 만들어 무지한 상태를 만든다. 예를 들어 우리는 건강의 최대 적이 야식과 과식이라는 사실을 잘 안다. 하지만 밤 10시라는 야심한 시각에 TV에서 치킨과 맥주를 먹는 광고를 보는 순간 그 사실을 지운다. 그리고 이미 몸이 반응한다. 당장 치맥을 먹는 상상만으로 군침이 돌고, 이성을 잃고 배달 앱으로 주문하게 된다. 매번 다이어트에 실패하는 원인이 바로 여기에 있다. 우리 주변에는 뿌리칠 수 없는 유혹이 너무나 많이 있다. 이러한 유혹에 즉각적으로 반응하는 몸은 절제할 수 없게 만든다.

절제는 자기 자신을 통제하고 지배하는 것이다. 이때 자기 자신이란 바로 몸이다. 정신이 육체를 통제하고 지배하도록 해야 한다. 우리는 몸에서 만족할 줄 모르는 욕망이 나온다는 사실을 이해해야 한다. 육체로부터 나오는 식욕과 성욕과 같은 욕망을 제대로 통제하지 못한다면 정신적으로 문제가 생길 수밖에 없다. 또한 자기 몸을 함부로 대하지 말아야 한다. 과도하게 일해서 몸을 혹사한다면 결국 번아웃 증후군과 같은 정신적 괴로움에 시달리게 될 것이다.

플라톤은 절제 있는 삶이 방종한 삶보다 더 즐거운 법이라고 말한다. 절제는 우리가 최대한 행복한 삶을 선택하도록 만드는 수단이며 자신을 욕망의 구렁텅이에서 구제할 수 있는 유일한 방법이다. 우리는 물질적으로 풍요로운 과잉의 시대에 살고 있다. 하지만 동시에 정신적으로는 결핍과 불안의 시대를 살고 있다. 우리는 끊임없이 솟아오르는 헛된 욕망에 대한 갈증을 해소하기 위해 정신적으로 충만하고 풍요로운 삶을 추구해야 한다.

과잉과 결핍 사이에서 매 순간 흔들릴 때 가장 필요한 삶의 원칙은 절제다. 절제는 나의 하루에서 불필요한 것들을 덜어내 성공할 가능성을 높여주고, 나와 내가 하는 일을 가치 있게 만든다. 삶이 선사하는 모든 풍요에 지나치게 집착하거나 휘둘리지 말고, 지나치게 매몰되지 않도록 중용을 유지해야 한다. 몸과 영혼의 균형을 유지하라. 그것이야말로 진정으로 사랑하는 삶의 태도다.

넘쳐나는 자극은 몸이 반응하게 만들어

무지한 상태를 만든다.

절제는 자기 자신을 아는 데서 시작된다.

지나온 길을 사랑하고
다가올 미래를 환대하라

운 명

PLATO

지금 우리는 그 어느 때보다 풍요로운 동시에 불안한 시대에 살고 있다. 가난, 실패, 실직, 실연, 이혼, 퇴직, 죽음 등에 대한 막연한 두려움이 우리를 불안하게 만든다. 지금의 지위를 잃을까 봐 불안해하는 것이다. 알랭 드 보통은 『불안』에서 불안이란 사회에서 제시한 성공에 이르지 못할 위험에 처해, 그 결과 존중받지 못할지도 모른다는 걱정을 의미한다고 말한다.

돈을 잃을지도 모른다는 두려움, 타인에게 인정받지 못할 거라는 두려움, 사랑을 잃을지도 모른다는 두려움, 실패할지도 모른다는 두려움, 시험에 떨어질지도 모른다는 두려움,

직장을 잃을지도 모른다는 두려움, 질병에 걸리거나 사고로 죽을지도 모른다는 두려움…. 이렇게 어떤 대상에 대해 서로 대립하는 양가감정, 즉 상실감, 슬픔, 두려움 등의 감정이 기쁨과 희망 등의 감정과 함께 섞여 있을 때 불안이라는 감정은 항상 뒤따른다. 감정의 기복이 비정상적으로 심한 상태가 장기간 지속되는 경우 공황장애, 광장공포증, 강박 장애, 사회불안장애 등 정신적 문제가 생길 수 있다.

왜 우리는 불안한가

플라톤은 『국가』 10권에서 사람이 죽은 이후에 영혼이 어떻게 되는지에 관한 '에르 신화' 이야기를 소개한다. 에르는 전투에서 죽었다가 12일 만에 기적적으로 다시 살아난 사람이다.

에르는 자신이 며칠 동안 저승에서 본 것에 대해 이야기한다. 사람이 죽으면 영혼이 심판을 받는다. 올바른 삶을 살았던 영혼은 오른쪽 하늘로 올라가 행복하고 이루 말할 수 없이 아름다운 삶을 산다. 반면에 올바르지 못한 삶을 살았던 영혼은 왼쪽 아랫길로 내려가 비탄의 눈물을 흘리며 고통스러운 벌을 받는다.

그렇게 축복과 심판을 받은 영혼들은 천년이 지난 후 다시 자신의 다음 삶을 선택하기 위해 어떤 장소로 모인다. 영혼들은 제비뽑기로 정한 순서에 따라 자신이 원하는 삶을 결정한다. 영혼들 대부분은 전생의 습관에 따라 자신의 운명을 선택하는데, 하늘 쪽에서 온 영혼들 가운데 상당수가 실수로 악한 삶을 선택한다. 반면에 지하에서 고생했던 영혼들은 신중하게 검토해 선한 삶을 선택한다. 이렇게 대부분의 영혼은 운명이 엇갈리지만, 지혜를 사랑했던 사람은 최선의 삶을 또다시 선택한다. 모든 영혼은 삶을 선택한 후 무섭도록 이글거리는 망각의 들판으로 나아간다.

"우리는 어디서 왔는가?"

"누가 우리를 이 세상에 태어나게 했을까?"

"우리는 누구인가?"

"이 세계는 무엇일까?"

"우리는 또다시 어디로 가는가?"

우리는 자신이 원하는 삶을 스스로 선택할 수 있다. 하지만 종종 원하지도, 선택하지도 않은 삶 역시 만나게 된다. 예를 들어 태어난 나라, 고향, 낳아준 부모, 형제자매, 외모, 타고난 재능, 성격, 능력 등과 같이 자신의 의지와 무관하게 주어진 것들이다. 흙수저 집안에 태어날지 금수저 집안에 태어날지, 성공할 것인지 실패할 것인지, 부모의 사랑을 충분히 받을지 부족하다고 느낄지 아무것도 알지 못한 채 우리는 우연히 이 세상에 온다.

그래서 타고난 외모, 성격, 집안에 만족하지 못하고 이러한 굴레에서 벗어나길 원하기도 한다. 우연히 주어진 만족스럽지 않은 삶이 우리의 운명을 결정짓는다고 한탄한다. 피할수 없었던 과거와 알 수 없는 막연한 미래에서 오는 후회와 두려움으로 불안감에 휩싸인다.

불안으로부터 어떻게 자유로워질 것인가

나는 아무것도 모른다. 나는 모든 일에 대해 끔찍한 무지속에 있다. 내가 어디서 왔는지 모르는 것처럼 어디로 가야 하는지도 모른다. 다만 확실히 아는 것은 언젠가 죽어 이 세상을 떠난다는 사실뿐이다.

삶은 불확실함과 결함으로 가득 찬 상태이기에 항상 불안에 시달릴 수밖에 없다. 역사상 가장 풍요롭고 자유로운 시대에 살아가면서도 불안과 공허에 시달리는 이유가 바로 여기에 있다. 그렇다면 어떻게 해야 불안감을 떨칠 수 있을까.

첫째, 주어진 역할을 수행한다

고대 로마 시대 후기 스토아학파 철학자였던 에픽테토스
는 가난한 노예로 태어났다. 하지만 마음만은 진정한 자유를
추구한 철학자였다. 그는 『엥케이리디온』에서 인간을 극작가
의 뜻에 따라 연극 무대 위에서 정해진 역할을 하는 배우에
비유했다. 우리는 거지 역할을 할 수도 있고, 공직자나 평범
한 사람 역할을 할 수도 있다. 각자 배우로서 정해진 역할을
잘 해내기만 하면 된다는 것이다.

타고난 환경, 성별, 신체적 조건과 성격 등은 바꿀 수 없
다. 그럼에도 내가 원하는 모습으로 살고 싶다면 오히려 피할
수 없는 자신의 운명을 기꺼이 받아들여야 한다. 주어진 역할
안에서 내가 할 수 있는 일을 하는 것이다. 타고난 운명을 탓
해봐야 결코 인생은 바뀌지 않는다.

둘째, 할 수 있는 것과 하지 못하는 것을 분별한다

우리는 자신이 통제할 수 없는 일에 몰입하거나 집착한

다. 갑작스러운 사고, 질병, 경제 불황, 금리 인상, 바이러스 유행, 실직 등 나의 통제권 밖에 있는 일을 걱정하며 불안해하는 것이다. 내가 통제할 수 없는 일에 대해서는 마음을 내려놓고 그런 괴로운 상황이 흘러가도록 내버려 둘 필요가 있다. 사회적 지위나 명예, 명성, 돈과 같은 것들도 마찬가지다. 자신의 힘만으로 얻을 수 없는 것에 맹목적으로 집착하지 말아야 한다.

플라톤은 『알키비아데스』 1권에서 자신을 잘 돌보기 위해서는 '자신'과 돈이나 명예와 같이 '자신에게 속하는 것들'을 구별하라고 말한다. 다시 말해 스스로 통제할 수 있는 정신적 자유를 더 소중히 하라는 의미다. 에픽테토스에 따르면 의견, 욕망, 동기, 혐오처럼 자신의 정신과 관련된 일은 통제가 가능하다. 반면에 신체, 재산, 명성, 사회적 지위처럼 자신의 정신과 무관한 일은 통제가 불가능하다.

예를 들어 내가 산 주식이 반토막이 되어버렸을 경우, 주식이 하락한 원인은 내가 통제할 수 없는 영역이다. 하지만 내가 그 기업을 믿고 투자해 기다릴 수 있다면 좌절하지 않는다. 자신의 생각과 판단은 스스로 통제할 수 있기 때문이다. 자신의 힘으로 할 수 있는 일과 할 수 없는 일을 분별하지 못한다면 불안과 절망은 더 가중될 것이다.

셋째, 불확실함 속에서 아름다움을 발견한다

플라톤은 『향연』에서 '우리가 아름다운 바다로 나아가 바라볼 때 갑자기 믿을 수 없이 아름다운 어떤 놀라운 무언가를 보게 될 것'이라고 말한다. 플라톤이 말한 '아름다운 어떤 놀라운 것'이란 무엇일까?

우리는 철학이 놀라움 또는 경이에서 시작된다는 사실을 알았다. 이제 우리도 삶을 주의 깊게 바라보며 사색한다면, 삶의 모든 순간에서 놀라움을 발견할 수 있을 것이다. 삶의 길을 걸으며 발견한 이러한 놀라움이란 바로 우리가 그토록 나타나길 기다렸던 기적이 아닐까? 일상과 자연을 아름다운 눈으로 바라볼 때, 마음속에서 무한한 사랑의 힘이 현존함을 느낄 수 있다.

나는 지금 활짝 열린 바다의 푸르름을 바라보고 있다. 나는 지금 삶과 죽음의 의미를 담고 있는 명화를 관람하고 있다. 나는 지금 절망의 심연으로부터 불러낸 환희의 선율에 귀를 기울이고 있다. 아, 얼마나 행복한 일인가! 이제 불안감에 시달렸던 나의 마음은 조금씩 치유되어 간다. 내가 세계를 있는 그대로 바라볼 수 있을 때, 세계는 나의 영혼에 숭고한 힘을 불어넣는다.

이번 삶을 잘 사느냐, 못 사느냐는 무엇에 달려 있을까? 우리는 고뇌와 고통스러운 현실 속에서 모든 것을 내려놓고 관조할 수 있는 경지에 도달할 때 마음의 평정을 되찾을 수 있다. 살아 숨 쉬는 지금 이 순간이 바로 기적이다. 기적이란 멀리서 발견할 수 있는 것이 아니다.

피할 수 없는 운명을 받아들이고 더 이상 스스로를 괴롭히지 말자. 비록 타고난 삶은 정해져 있었을지라도, 앞으로 나아가야 할 미래의 길은 정해져 있지 않다. 중요한 것은 일단 내가 내 길을 선택하는 일이다.

우리는 자신의 삶을 선택할 자유라는 선물을 이미 받았다. 길을 잃을지 모른다는 두려움이 앞설 수 있지만, 나의 길을 찾을 때까지 걸어야 한다. 내 길을 걸으며 나의 역할을 잘 수행할 때 내 삶의 진정한 주인이 될 수 있다.

우리의 인생은 아직 미완성 상태다. 먼 훗날 인생이라는 연극의 마지막에 이르러 무대의 막이 내릴 때 삶은 완성될 것이다. 그러니 잠깐 고통스럽고 절망스러운 시간을 보내고 있을지라도 너무 힘겨워하지 말자. 머지않아 또 다른 이야기가 펼쳐질 것이다. 그렇게 지나온 길을 받아들이고 다가올 미래를 환대할 때, 운명의 수레바퀴는 우리 편이 될 것이다.

자신의 힘으로 할 수 있는 일과

할 수 없는 일을 분별하자.

내가 세계를 있는 그대로 바라볼 때

세계는 나의 영혼에 숭고한 힘을 불어넣는다.

참고문헌

Benjamin Jowett, *Dialogues of Plato 1*, Cambridge University Press, 2010

Benjamin Jowett, *Dialogues of Plato 2*, Cambridge University Press, 2010

Benjamin Jowett, *Dialogues of Plato 3*, Cambridge University Press, 2010

Henry David Thoreau, *Walden*, Ticknor and Fields, 1854

R.L.네틀쉽, 김안중 · 홍윤경 옮김, 『플라톤의 국가론 강의』, 교육과학사, 2010

강신주, 『철학 VS 철학』, 오월의봄, 2016

군나르 시르베크 · 닐스 길리에, 윤형식 옮김, 『서양 철학사』, 이학사, 2016

김재홍 등 옮김, 『소크라테스 이전 철학자들의 단편 선집』, 아카넷, 2005

남경희, 『플라톤』, 아카넷, 2013

돈 마리에타, 유원기 옮김, 『쉽게 쓴 서양 고대철학사』, 서광사, 2015

디오게네스 라에르티오스, 김주일 · 김인곤 · 김재홍 · 이정호 옮김, 『유명한 철학자들의 생애와 사상 1』, 나남출판, 2021

디오게네스 라에르티오스, 김주일 · 김인곤 · 김재홍 · 이정호 옮김, 『유명한 철학자들의 생애와 사상 2』, 나남출판, 2021

디오게네스 라에르티오스, 전양범 옮김, 『그리스철학자열전』, 동서문화사, 2016

레프 니콜라예비치 톨스토이, 박병덕 옮김, 『톨스토이 인생론 · 참회록』, 육문사, 2023

로버트 L. 애링턴, 김성호 옮김, 『서양 윤리학사』, 서광사, 2003

마르쿠스 아우렐리우스, 천병희 옮김, 『명상록』, 도서출판 숲, 2005

미셸 푸코, 심세광 옮김, 『주체의 해석학』, 동문선, 2007

박영식, 『서양 철학사의 이해』, 철학과현실사, 2008

박종현, 『헬라스 사상의 심층』, 서광사, 2001

버트런드 러셀, 서상복 옮김, 『러셀 서양 철학사』, 을유문화사, 2019

버트런드 러셀, 이명숙 · 곽강제 옮김, 『서양의 지혜』, 서광사, 1990

블라디슬로프 타타르키비츠, 손효주 옮김, 『타타르키비츠 미학사 1: 고대미학』, 미술문화, 2005

블라디슬로프 타타르키비츠, 손효주 옮김, 『타타르키비츠 미학사 2: 중세미학』, 미술문화, 2006

블라디슬로프 타타르키비츠, 손효주 옮김, 『타타르키비츠 미학사 3: 근대미학』, 미술문화, 2014

블레즈 파스칼, 이환 옮김, 『팡세』, 민음사, 2003

빅터 프랭클, 이시형 옮김, 『빅터 프랭클의 죽음의 수용소에서』, 청아출판사, 2020

새뮤얼 이녹 스텀프, 제임스 피저, 이광래 옮김, 『소크라테스에서 포스트모더니즘까지』, 열린책들, 2004

셸리 케이건, 박세연 옮김, 『죽음이란 무엇인가』, 웅진지식하우스, 2023

스콧 펙, 최미양 옮김, 『아직도 가야 할 길』, 율리시스, 2023

스털링 램프레히트, 김문수 옮김, 『즐거운 서양 철학사』, 동서문화사, 2017

시릴 모라나, 한의정 옮김, 『예술철학』, 미술문화, 2013

아르투르 쇼펜하우어, 홍성광 옮김, 『쇼펜하우어의 행복론과 인생론』, 을유문화사, 2023

아리스토텔레스, 김진성 옮김, 『아리스토텔레스의 형이상학』, 서광사, 2022

아리스토텔레스, 김한식 옮김, 『시학』, 그린비, 2022

아리스토텔레스, 조대호 옮김, 『형이상학』, 도서출판 길, 2017

아리스토텔레스, 천병희 옮김, 『니코마코스 윤리학』, 도서출판 숲, 2013

아리스토텔레스, 천병희 옮김, 『시학』, 문예출판사, 2002

알랭 드 보통, 정영목 옮김, 『불안』, 은행나무, 2011

양해림, 『현대인을 위한 서양 철학사』, 집문당, 2020

요한네스 힐쉬베르거, 강성위 옮김, 『서양 철학사(상)』, 이문출판사, 2022

요한네스 힐쉬베르거, 강성위 옮김, 『서양 철학사(하)』, 이문출판사, 2022

윌리엄 J. 프라이어, 오지은 옮김, 『덕과 지식, 그리고 행복』, 서광사, 2010

이강서, 『플라톤 읽기』, 세창미디어, 2020

이정우, 『세계철학사 1』, 도서출판 길, 2024

이종환, 『플라톤 국가 강의』, 김영사, 2019

장주, 김갑수 옮김, 『장자』, 글항아리, 2019

정진일, 『철학개론』, 박영사, 2009

카렌 암스트롱, 정영목 옮김, 『축의 시대』, 교양인, 2010

크리스토퍼 J. 로위, 유원기 옮김, 『플라톤의 철학』, 서광사, 2019

토마스 L. 쿡시, 김영균 옮김, 『플라톤의 『향연』 입문』, 서광사, 2013

플라톤, 강성훈 옮김, 『에우튀프론』, 아카넷, 2021

플라톤, 강성훈 옮김, 『프로타고라스』, 아카넷, 2021

플라톤, 강철웅 옮김, 『뤼시스』, 아카넷, 2021

플라톤, 강철웅 옮김, 『미노스 · 사랑하는 사람들』, 아카넷, 2021

플라톤, 강철웅 옮김, 『소크라테스의 변명』, 아카넷, 2020

플라톤, 강철웅 옮김, 『향연』, 아카넷, 2020

플라톤, 강철웅 · 김주일 · 이정호 옮김, 『편지들』, 아카넷, 2021

플라톤, 김유석 옮김, 『티마이오스』, 아카넷, 2019

플라톤, 김인곤 옮김, 『고르기아스』, 아카넷, 2021

플라톤, 김인곤 · 이기백 옮김, 『크라튈로스』, 아카넷, 2021

플라톤, 김주일 옮김, 『에우튀데모스』, 아카넷, 2019

플라톤, 김주일 옮김, 『파이드로스』, 아카넷, 2020

플라톤, 김주일 · 정준영 옮김, 『알키비아데스 Ⅰ · Ⅱ』, 아카넷, 2020

플라톤, 박종현 옮김, 『플라톤의 고르기아스/메넥세노스/이온』, 서광사, 2018

플라톤, 박종현 옮김, 『플라톤의 국가 · 정체』, 서광사, 2005

플라톤, 박종현 옮김, 『플라톤의 네 대화 편: 에우티프론, 소크라테스의 변론, 크리톤, 파이돈』, 서광사, 2003

플라톤, 박종현 옮김, 『플라톤의 법률』, 서광사, 2009

플라톤, 박종현 옮김, 『플라톤의 소피스테스/정치가』, 서광사, 2021

플라톤, 박종현 옮김, 『플라톤의 카르미데스/크리티아스/서간집』, 서광사, 2023

플라톤, 박종현 옮김, 『플라톤의 프로타고라스/라케스/메논』, 서광사, 2010

플라톤, 박종현 옮김, 『플라톤의 필레보스』, 서광사, 2004

플라톤, 박종현 옮김, 『향연/파이드로스/리시스』, 서광사, 2016

플라톤, 박종현 · 공동 역주, 『플라톤의 티마이오스』, 서광사, 2000

플라톤, 유혁 옮김, 『카르미데스』, 아카넷, 2021

플라톤, 이기백 옮김, 『크리톤』, 아카넷, 2020

플라톤, 이기백 옮김, 『필레보스』, 아카넷, 2020

플라톤, 이상인 옮김, 『메논』, 아카넷, 2019

플라톤, 이정호 옮김, 『메넥세노스』, 아카넷, 2021

플라톤, 이정호 옮김, 『크리티아스』, 아카넷, 2020

플라톤, 이창우 옮김, 『소피스트』, 아카넷, 2019

플라톤, 전헌상 옮김, 『파이돈』, 아카넷, 2020

플라톤, 정준영 옮김, 『테아이테토스』, 아카넷, 2022

플라톤, 천병희 옮김, 『플라톤전집 Ⅱ: 파이드로스/메논/뤼시스/라케스/카르미데스/에우튀프론/에우튀데모스/메넥세노스』, 도서출판 숲, 2019

플라톤, 천병희 옮김, 『플라톤전집 Ⅲ: 고르기아스/프로타고라스/이온/크라튈로스/소피스트/정치가』, 도서출판 숲, 2019

플라톤, 천병희 옮김, 『플라톤전집 Ⅳ: 국가』, 도서출판 숲, 2013

플라톤, 천병희 옮김, 『플라톤전집 Ⅴ: 테아이테토스/필레보스/티마이오스/크리티아스/파르메니데스』, 도서출판 숲, 2016

플라톤, 천병희 옮김, 『플라톤전집 Ⅵ: 법률』, 도서출판 숲, 2016

플라톤, 천병희 옮김, 『플라톤전집 Ⅶ: 알키비아데스 Ⅰ · Ⅱ/힙피아스 Ⅰ · Ⅱ/미노스/에피노미스/테아게스/클레이토폰/힙파르코스/연인들/서한집/용어 해설/위작들』, 도서출판 숲, 2019

플라톤, 천병희 옮김, 『플라톤전집 Ⅰ: 소크라테스의 변론/크리톤/파이돈/향연』, 도서출판 숲, 2012

플라톤, 한경자 옮김, 『라케스』, 아카넷, 2020

허루이린, 정호운 옮김, 『처음 시작하는 미학 공부』, 오아시스, 2018

헨리 데이비드 소로, 전행선 옮김, 『초판본 월든』, 더스토리, 2021

홍일립, 『인간 본성의 역사』, 에피파니, 2017

플라톤의 인생 수업

초판 1쇄 발행 2024년 3월 27일
초판 2쇄 발행 2024년 4월 25일

지은이 장재형
펴낸이 김선식

부사장 김은영
콘텐츠사업본부장 박현미
책임편집 박윤아 **디자인** 황정민 **책임마케터** 오서영
콘텐츠사업4팀장 임소연 **콘텐츠사업4팀** 황정민, 박윤아, 옥다애, 백지윤
마케팅본부장 권장규 **마케팅1팀** 최혜령, 오서영, 문서희 **채널1팀** 박태준
미디어홍보본부장 정명찬 **브랜드관리팀** 안지혜, 오수미, 김은지, 이소영
뉴미디어팀 김민정, 이지은, 홍수경, 서가을, 문윤정, 이예주
크리에이티브팀 임유나, 박지수, 변승주, 김화정, 장세진, 박장미, 박주현
지식교양팀 이수인, 염아라, 석찬미, 김혜원, 백지은
편집관리팀 조세현, 김호주, 백설희 **저작권팀** 한승빈, 이슬, 윤제희
재무관리팀 하미선, 윤이경, 김재경, 이보람, 임혜정
인사총무팀 강미숙, 지석배, 김혜진, 황종원
제작관리팀 이소현, 김소영, 김진경, 최완규, 이지우, 박예찬
물류관리팀 김형기, 김선민, 주정훈, 김선진, 한유현, 전태연, 양문현, 이민운

펴낸곳 다산북스 **출판등록** 2005년 12월 23일 제313-2005-00277호
주소 경기도 파주시 회동길 490 다산북스 파주사옥 3층
전화 02-702-1724 **팩스** 02-703-2219 **이메일** dasanbooks@dasanbooks.com
홈페이지 www.dasanbooks.com **블로그** blog.naver.com/dasan_books
용지 스마일몬스터 **인쇄** 한영문화사 **코팅 및 후가공** 평창피앤지 **제본** 한영문화사

ISBN 979-11-306-5152-1(03160)

다산북스(DASANBOOKS)는 독자 여러분의 책에 관한 아이디어와 원고 투고를 기쁜 마음으로 기다리고 있습니다.
책 출간을 원하는 아이디어가 있으신 분은 다산북스 홈페이지 '원고투고'란으로 간단한 개요와 취지, 연락처 등을
보내주세요. 머뭇거리지 말고 문을 두드리세요.